高等职业教育校企合作新形态系列教材·工商管理类

门店数字化运营管理

（活页式教材）

主　编　于邢香　董　艳　孙晓莹
副主编　张云星　孙志平　高志霞
　　　　杨晓丽　刘　庆

北京理工大学出版社
BEIJING INSTITUTE OF TECHNOLOGY PRESS

内 容 简 介

本书从阐述数字门店的内涵和特征出发，从会员体系重构、商品数字化管理、数字化营销与推广、数据管理与运营、体验场景构建等多个角度，深度剖析零售企业数字化运营管理的核心思路和方法，深入探索门店数字化运营背后的商业规律。本书按照由浅至深的认识规律，按照门店数字化运营所需专业知识和操作技能，设计了六个项目，重点培养学习者的数字零售思维、数字零售运营能力及数字化分析能力。本书既可以作为高职高专连锁经营与管理、市场营销、电子商务等商贸类专业的专业教材，又可以作为线上线下融合的智慧零售企业培训员工的培训教材。

版权专有　侵权必究

图书在版编目（CIP）数据

门店数字化运营管理 / 于邢香，董艳，孙晓莹主编
. -- 北京：北京理工大学出版社，2024.1
　ISBN 978-7-5763-3470-8

Ⅰ.①门⋯　Ⅱ.①于⋯②董⋯③孙⋯　Ⅲ.①商店-运营管理-数字化　Ⅳ.① F717-39

中国国家版本馆 CIP 数据核字（2024）第 034412 号

责任编辑：徐艳君　　　**文案编辑**：徐艳君
责任校对：周瑞红　　　**责任印制**：施胜娟

出版发行 / 北京理工大学出版社有限责任公司
社　　址 / 北京市丰台区四合庄路 6 号
邮　　编 / 100070
电　　话 / （010）68914026（教材售后服务热线）
　　　　　　（010）68944437（课件资源服务热线）
网　　址 / http://www.bitpress.com.cn

版 印 次 / 2024 年 1 月第 1 版第 1 次印刷
印　　刷 / 河北盛世彩捷印刷有限公司
开　　本 / 787 mm × 1092 mm　1/16
印　　张 / 11
字　　数 / 230 千字
定　　价 / 42.00 元

图书出现印装质量问题，请拨打售后服务热线，本社负责调换

前　言

党的二十大报告提出："加快发展数字经济，促进数字经济与实体经济深度融合，打造具有国际竞争力的数字产业集群。"当前，越来越多的模式和消费场景爆发，下沉市场、本地生活、即时零售、私域、社区团购、新模式、新业态、新技术冲击不断，整体行业加速多元化发展。零售数字化、全渠道趋势不可逆转，云计算、大数据、人工智能、虚拟现实等技术迅猛发展，数字化转型已成为行业提效的关键。在前端需要通过线上引流和线下数字化改造，完成数据采集和积累，对"千人千面"的消费需求都能了然于胸；中端基于大数据分析结果满足消费者差异化需求，实现"千店千面"；后端则要构建以需求为驱动的数字化供应链。

鉴于此，门店数字化运营越来越受到广大零售企业的关注。产业的发展催生了对于人才的需求，目前，用户数字化、数据运营等岗位人才短缺问题日益突出，企业迫切需要既了解行业趋势和企业业务，又具备全媒体、全渠道、供应链等运营管理能力的数字化人才。随着新经济与新业态的发展，现代企业对人才的需求落在加强对门店运营管理知识与技能的学习与训练方面。

为帮助读者深入了解门店数字化转型背后的商业规律，并解决在数字门店运营管理中遇到的各种问题，我们精心编写了本书。我们从企业在门店运营过程中遇到的现实问题出发，借鉴国内外最新研究成果，并结合我们自身的教学经验，构建了本书的主体结构。在知识结构上，基于"人""货""场"的重构逻辑，以"人"为中心，进一步梳理了经营会员的整体策略、方法；以"货"为中心，介绍了智慧选品体系的构建以及数据驱动下如何进行品类管理；以"场"为中心，阐述了企业应该如何从营销、数据、场景三大赋能体系重塑企业价值链及竞争力。

本书的特色主要表现在以下几个方面：

1. 融合数字化经营价值观塑造，强化核心价值观引领

本书贯彻落实党的二十大精神，坚持立德树人，以学生为中心，以"技能+素养"为抓手，挖掘中华商业文化内涵，融合数字化经营理念塑造、门店经营知识传授以及实战运营管理，抓住数字化升级趋势，引领中国数字商业发展，以门店运营知识与技能习得为主线，加强学生择优决策的取舍观、脚踏实地的就业观、艰苦奋斗的创业观等价值观的塑造。本书通过章前设置能力目标、知识目标、素养目标三维学习目标，文中设置"素养园地"等栏目，来系统体现教材的核心价值观引领。

2. 基于新商科"岗课赛证"融合的课程体系设计思路

本书主动对接零售新业态，针对行业企业岗位需求，融入"岗、赛、证"标准，将企

业"新技术、新模式"以及工作场景"数字化、网络化、智能化"迭代要素动态嵌入，设计开发课程体系，创建模块化、系统化的教学课程体系。

3. 行业企业深度参与产教融合型特色教材编制

本书由山东商务职业学院教师团队与联商东来商业研究院、青岛百果园食品有限公司等行业企业成员共同开发完成。本书根据行业需求和学生特点，秉承"质量为上，突出课程特色"的工作方针，注重产教融合，校企双元开发，面向高职高专开发新形态教材。联合青岛百果园食品有限公司总经理张云星担任副主编并全程参与本书编写，编写团队与企业人员多次调研、研讨，了解行业企业发展趋势和人才岗位需求，确保了书中内容与实际需求相匹配。

4. 以国家职业教育专业教学资源库为依托

本书依托"门店数字化运营管理"这门国家职业教育连锁经营与管理专业教学资源库的专业核心课程，构建起一整套规范标准、易于推广的教学文档及数字化教学资源，依托智慧职教平台，读者可通过扫描二维码浏览配套教学视频、微课、动画、文本等在线资源，便于实现线上线下混合式教学，对于实现翻转课堂有实质性的推动作用。

本书由山东商务职业学院于邢香、董艳、孙晓莹担任主编，张云星、孙志平、高志霞、杨晓丽、刘庆担任副主编。于邢香负责全书统稿，编写大纲及样章，确定编写计划，同时负责统筹各类配套教学资源的制作等。具体编写分工如下：孙志平负责编写项目一，董艳负责编写项目二，高志霞负责编写项目三，杨晓丽负责编写项目四，刘庆负责编写项目五，孙晓莹负责编写项目六。于邢香、董艳负责本书基础资料的收集工作，张云星、于邢香、董艳负责企业实际案例、工作任务的设计与融入。

本书借鉴和吸收了相关教材和学术界的研究成果，参阅了大量官方网站的资料，在此对原文作者表示衷心的感谢。由于编写团队水平有限，加之时间仓促，难免存在疏漏和不足之处，恳请广大读者批评指正，以使本书日臻完善。

编　者

目录

项目一 门店数字化基本认知

任务一 认识数字门店 ··· 3
    一、数字门店的特征 ·· 4
    二、数字门店与传统门店的对比 ······························ 6
    三、数字门店的运营模式 ······································ 8
任务二 新兴技术在数字门店中的应用 ···························· 14
    一、大数据及其商业化应用 ·································· 15
    二、人工智能及其商业化应用 ······························· 17
任务三 线上线下深度融合的闭环生态体系 ······················ 23
    一、O2O 闭环生态体系的应用模式 ······················· 24
    二、O2O 闭环生态体系的主要内容 ······················· 24

项目二 会员体系重构

任务一 设计会员体系 ·· 31
    一、会员体系的构成要素 ···································· 32
    二、会员积分体系 ··· 33
    三、付费会员体系 ··· 36
任务二 会员智慧管理 ·· 44
    一、会员开发与维护 ··· 45
    二、会员运营管理 ··· 50

项目三 商品数字化管理

任务一 创建智慧选品体系 ·· 59
    一、确定选品原则 ··· 60
    二、选品的方法与技巧 ······································ 61
任务二 数据驱动品类管理 ·· 65
    一、界定品类角色 ··· 66
    二、制定品类策略 ··· 69
    三、实施品类战术 ··· 74
任务三 打造创新性商品 ··· 81

一、商品创新思维模式 ……………………………………………… 82
　　二、商品微创新 ……………………………………………………… 83

项目四　数字化营销与推广

任务一　推广渠道精准选择 ……………………………………………… 89
　　一、流量扩展 ………………………………………………………… 89
　　二、私域运营 ………………………………………………………… 91
　　三、视频号运营 ……………………………………………………… 92
任务二　整合营销方式 …………………………………………………… 96
　　一、跨界营销 ………………………………………………………… 96
　　二、内容营销 ………………………………………………………… 98
　　三、社群营销 ………………………………………………………… 99

项目五　数据管理与运营

任务一　数字化智能选址 ………………………………………………… 108
　　一、数字化智能选址 ………………………………………………… 108
　　二、数字化智能选址数据收集 ……………………………………… 109
　　三、数字化智能选址的优势 ………………………………………… 110
任务二　数字化供应链网络 ……………………………………………… 114
　　一、数字化供应链 …………………………………………………… 115
　　二、整合供应链 ……………………………………………………… 116
　　三、第三方贸易和供应链物流平台 ………………………………… 117
任务三　数据化运营模式 ………………………………………………… 121
　　一、消费者画像 ……………………………………………………… 122
　　二、搭建数字门店系统 ……………………………………………… 125
　　三、运营数据分析 …………………………………………………… 126

项目六　体验场景构建

任务一　构建无缝全渠道消费体验 ……………………………………… 139
　　一、全渠道零售的含义 ……………………………………………… 140
　　二、全渠道零售的特征 ……………………………………………… 141
　　三、各零售渠道及其特点 …………………………………………… 142

任务二　营造数字门店零售氛围……148
　　一、数字门店的陈列布局……149
　　二、快闪店……151
任务三　构建体验式消费场景……158
　　一、互动式体验……159
　　二、构建"五感"场景体验……160
　　三、沉浸式购物体验……161

参考文献

项目一

门店数字化基本认知

学习任务

为提高消费者购物感受和消费体验,越来越多的传统线下连锁门店开始注重数字化转型。面对已经到来的数字经济的变革,零售企业在数字化转型升级时,首先应从整体战略思维出发,以用户为需求,再结合新的信息技术、大数据技术、人工智能与互联网技术,重构企业与用户之间的人、货、场关系,通过营销、数据、场景赋能体系,重塑企业的价值链及竞争力。

教学目标

【能力目标】

1. 能够了解传统门店与数字门店的巨大差别;

2. 能够运用门店数字化闭环生态系统的思想分析零售企业的运营模式，解决实际零售问题，指导企业实践活动；

3. 能够掌握线上线下深度融合的闭环生态体系运行模式。

【知识目标】

1. 掌握数字门店的特征；

2. 掌握数字门店的发展趋势；

3. 掌握大数据、人工智能等新一代信息技术及其商业化应用。

【素养目标】

1. 具有团队合作精神和协作能力；

2. 具备良好的沟通能力和表达能力；

3. 具有良好的新一代信息技术应用能力和学习能力，能够掌握新知识、新技能；

4. 能够深刻理解数字经济与实体经济深度融合的发展趋势，了解中国新一代信息技术的发展现状，具备民族自豪感与行业认同感。

思维导图

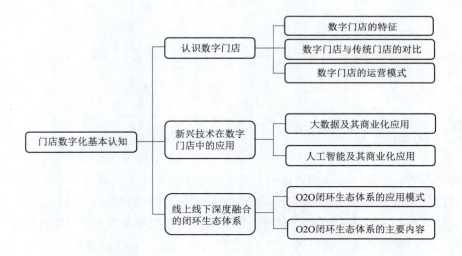

任务一　认识数字门店

【引导案例】

以"数"为媒——数字门店助力乡村振兴

某零售企业数字门店在河南新乡县小冀镇正式落地。走进小冀镇数字门店，城市里能见到的品牌家用电器在这里一应俱全。体现智能物联技术的客厅体验区里，不仅有电视、空调、扫地机器人，就连窗帘也可以实现自动控制。

什么是新零售

经过数字化改造的门店与传统门店在营销上有很多不同，顾客可以通过店内大屏看到本地消费数据筛选出的热卖商品，然后从中选择下单。在云货架展示区，海量的线上商品突破了门店样机的局限，给消费者提供了更多选择。

线上线下互动，打通下沉市场。很多商品或服务不是网络完全可以承载的，比如电器是消费升级的重要部分，但是在线购买有缺陷，消费者看不到实物，一旦将线上店铺和线下体验店连接起来，商品一一对应，通过线上线下互动用户现场下单，可以帮助消费者获得更好的购买体验。该数字门店依托海量的线上用户，引导消费者进入门店，以个性化的线下体验和导购服务，促进消费决策，沉淀消费数据。未来品牌可以依托这些数据，对下沉市场的消费者进行更精细化的运营。

该门店通过数字化升级，构建5千米理想生活圈。下沉市场消费者可以在任意门店体验商品后再到网上下单；下单后则可以通过遍布各地的服务站，享受收发快递、送货上门、预约安装、维修保养、退货换货等一系列服务，县域消费者第一次享受到了和城里人一样的消费和服务体验。

（资料来源：根据中国经济网相关资料整理）

【案例启示】

以数字门店为依托，形成数字化零售门店的网络，通过对县域零售人、货、场的数字化改造，重构用户线上线下的互动体系，实现城乡无差别购物服务的理想生活圈，助推县域经济高质量发展。

【任务书】

1. 零售业经历了几次革命？零售的变革带给我们什么启示？讨论未来数字门店的发展会给我们的生活带来哪些变化。

2. 新兴的智慧化商业模式既源于消费者的需求，又高于消费者的需求，它改变着人们的生产生活方式。请你以一种自己熟悉的数字门店为例，分析如何通过线上大数据制定消费者偏好和竞争者分析报告，以及如何开拓市场、如何盈利。

3. 讨论传统零售企业在商业模式运营中存在哪些问题，请你为传统零售企业制定科学的商业模式变革方案。

【准备工作】
1. 阅读任务书。
2. 搜集视频资料，了解数字门店的发展情况。
3. 结合任务书分析传统零售店铺存在的问题。

学习任务的相关知识点

一、数字门店的特征

数字门店，是指运用互联网、物联网技术，感知消费习惯、预测消费趋势、引导生产制造，为消费者提供多样化、个性化的商品或服务的门店。数字门店是利用互联网以及物联网技术来进行门店销售的一种新型商业经营方式，由于可以通过后台系统对消费者的消费习惯进行统计分析，因此在经营的过程中能够预测消费者的消费趋势，从而引导商品的生产并为消费者提供更符合需求的商品或服务。数字门店的特征主要包括以下几点：

1. 渠道一体化

在数字化经营状态下，零售商不仅要打造多个形态的实体销售场景，还要利用不同的电商平台，实现线上线下场景之间的相互融合，让消费者可以通过多种渠道无差别地购买商品，包括在实体店直接购买、通过店中样品卡片购买、通过店中店触屏购买、通过官网购买、通过网购 App 购买等，以满足消费者想买就买的愿望。

2. 经营数字化

科学技术的发展使各种行为和场所都能通过数字化搬到线上，例如通过小程序、微商城、App 三种不同的获客方式把消费者分成三类，通过分析三类消费者的消费数量、金额和习惯等实现消费者数字化。消费者画像可以根据消费者的社会属性、生活习惯、消费行为等信息抽象出来一个标签化的消费者模型，如图 1-1 所示。经营的数字化使原来不能量化的因素变得可量化，不可衡量的变得可衡量。

图 1-1 消费者画像

3. 门店智能化

在科技发展和消费升级的双重作用下，数字门店集线下实体店和线上渠道的优势于一身，成为发展的趋势。一方面，数字门店给消费者带来了不一样的体验，人脸识别付款、扫码付款、智能货架、电子价签等技术的应用，丰富了消费者的购买选择和购物方式，使消费者在愉快体验的同时提升了购物效率；另一方面，数字门店通过大数据分析，可以给消费者做人群画像、定向分析，通过精准推送营销信息减少消费者流失。智能化是数字门店的前提，也是数字化的目的之一。

由于数字零售的后台系统可以根据消费曲线来建立模型，统计、分析以及掌握消费者的真实需求，所以在提供服务时能够无限逼近消费者的内心需求，可以有效重新构筑人、货物以及场地等方面的重要因素，实现以消费者为本的零售体验。

通过门店数字化升级，传统门店可以通过技术驱动及时了解消费者的需求，同时，数字门店能够对消费者的行为进行有效的分析，可以准确了解消费者的真实需求，可以指导企业生产或采购更有针对性的产品，因此在实现精准营销的同时提升消费者购买体验。此外，数字门店还会对企业的产品生产和采购流程进行优化，从而有效降低消费者的采购成本。

4. 发展多元化

数字门店包括了新的零售形态，文化娱乐产业、物流产业以及餐饮业等各个不同的门店业务都可以包含其中，从而造就一个多元化的业态趋势。因此，每个零售企业都可以在不久的将来通过数字化、智能化来实现商品的销售，为消费者提供更满意的零售服务。

5. 提高效率降低损耗

随着线上零售的发展，消费者手持一部手机就可以全天候、全渠道地购买商品。由于配送周期直接关系到消费者的体验和商家的库存周转，消费升级对物流提出了更高的要求，物流配送不仅要满足消费者的同城配送、定期配送、快递配送等要求，还要尽可能缩短配送周期。提升物流配送能力，实现物流配送的自动化、信息化、网络化至关重要。目前自动识别技术在物流各环节的运用已经相当普遍，它可以准确、快速地采集信息并录入系统。另外，GIS（地理信息系统）是智能物流的关键，利用它可以实现智能分拣，送货线路规划、包裹监控、智能化管理等。物流的智能化在节省大量的人力、物力的同时提升了消费者的体验。通过数字门店，可以有效降低损耗，并且实现价值链重塑，在未来零售业将会发展到人人零售，超越时间、空间、主题或本身"内容"的限制。

【想一想】

阿里巴巴和京东，布局了哪些数字门店业务？对我们的生活有什么影响？未来新零售数字化的发展趋势下，商家们应该怎么做？

拼搏绘就出彩人生

快递小哥李庆恒"火"了。2019年，在浙江省第三届快递职业技能竞赛中，他赢得第一名，获颁省级"技术能手"奖状，并享受相应人才待遇。

1995年，李庆恒出生于安徽阜阳，来杭州从事快递工作5年，从最初的后台客服到转运中心转运员。为了记住邮政编码、电话区号、航空代码等信息,李庆恒每天早起背记一个多小时;为强化记忆,每当看到汽车车牌,都会把相关城市信息在脑子里过一遍。数据上"信手拈来"、业务上"胸有成竹",凭借汗水和艰辛凝聚成出色的职业素养、过硬的专业技能,李庆恒称得上是"高层次人才"。干好一件事容易,干到极致则需要更多耐心、细心和匠心。机遇属于有梦想的人,成功永远青睐奋斗者。如今,李庆恒有了新目标,打算报考成人大专,争取评上高级工程师。后浪推前浪,奋斗最幸福,相信更多年轻人通过自己的努力,必定能活出不一样的人生,绽放出不同的精彩。

拼搏奋斗的人,要对职业葆有尊重和热爱,干一行、爱一行,说起来简单,做好不易。三百六十行、行行出状元,把平凡的事做到极致就是成功。快递员李庆恒用实际行动诠释了爱岗敬业的真谛,在平凡岗位上绘就了出彩人生。

(资料来源:根据《人民日报》相关资料整理)

二、数字门店与传统门店的对比

数字门店是一种新型零售模式,它通过运用大数据、云计算、物联网、人工智能等新兴技术来重新构建零售业的生态系统,通过统计分析消费习惯预测消费趋势,引导商品生产,促进线上和线下实现深度整合。数字门店的核心内容是"以消费者为本",将消费者放在第一位,体现了全心全意为消费者服务的决心。数字门店是与传统门店完全不同的一种零售模式。

传统门店零售是以传统的现金、现货、现场的交易方式把商品或服务卖给最终消费者的零售模式。在这种模式下,消费者必须要到商店、商场等实体门店才能消费并将商品拿回去,除此之外没有其他渠道。

数字门店的核心要义在于推动线上与线下的一体化进程,其关键在于使线上的互联网新兴科技力量和线下传统实体门店终端形成真正意义上的合力,从而完成电商平台和传统实体门店在商业维度上的优化升级,同时促成价格消费向价值消费的全面转型。

【想一想】

由于受到电商行业的冲击,线下传统门店经营商家纷纷触网自救,努力走向线上,而线上电商在遭遇互联网流量红利消失和增长放缓后,也开始走向线下。请思考:驱动数字门店发展的因素有哪些?

具体来说,数字门店和传统门店的区别主要表现在以下几个方面:

1. 渠道布局:单一渠道对比全渠道

在传统门店零售经营模式下,零售企业或者是在线下布局实体门店,或者是在线上开设网上店铺,其运营渠道单一。而数字门店打破了传统的线上线下的壁垒,实现了线上线下的融合。消费者不仅可以通过互联网在线上完成消费,还可以在线上下单之后,到线下实体店去体验商品或服务。同时,数字门店强调"云商"概念,不仅能让消费者实现用"脚"出门购物,用"手"通过握住鼠标和触摸手机购物,还能让消费者实现用"嘴"通过语音购物,借助VR/AR技术用"脑"通过意念购物等。数字门店经营模式的渠道布局,从单一渠道到多渠道，再到所有渠道的协同，使消费者购物的渠道不断增加。

2. 场景：单一化对比多样化

在传统门店经营模式下，消费者在线下的消费场景通常是到店、拿货、付款、走人，在网店的消费场景通常是浏览、下单、付款、收包裹。无论是线下门店，还是线上网店，消费场景都是比较单一的。

在数字门店经营模式下，线上与线下实现了深度融合，消费场景无处不在，包括线下门店购物场景、App购物场景、店中店触屏购物场景、VR购物场景、智能货架购物场景、网络直播购物场景等，消费者既可以在线上浏览商品后到线下实体门店购买，也可以在线下实体门店体验商品后通过App购买，还可以在网络直播中直接点击链接来购买商品。

数字门店的消费场景因为时间和空间的变化变得更加复杂，线上与线下应该是紧密结合在一起的，偏重其中任何一方都可能导致战略上的失衡。线上平台搭建，线下沉浸式消费场景是数字门店区别于传统零售的一个较大优势。

3. 消费时间、空间：固定对比灵活

在传统零售模式下，消费者只能在规定的时间、固定的场所购买商家的在架商品。而在数字门店模式下，消费者可以在任何时间、任何地点，用任何方式购物，还可以选择到店自提、门店配送、快递配送、定期送等多种配送方式。

4. 经营思维：以商品为中心对比以消费者为中心

传统门店讲究以商品为中心，零售企业依托真实的线下实体场景向消费者提供商品，最后通过差价获得收益。在数字门店模式下，零售企业更加注重消费者。零售企业将由出售有形的商品变为体验、服务和场景的提供，通过搭建个性化场景、提供多样化服务的方式促使消费者做出消费选择。同时，零售企业还会对消费者进行更细化的分类，根据他们的特点和需求提供相应的商品或服务，以满足消费者的个性化需求。

5. 消费者分析：以主观经验为准对比以大数据分析为参考

在传统门店模式之下，企业很难收集到消费者的行为数据，也无法准确洞悉消费者的需求，只能依靠自身的经验来推测和判断，然后进行商品的采购、营销推广等一系列活动，所以很难实现企业效益的最大化。

而在数字门店模式下，企业可以借助大数据、云计算等技术对消费者的行为进行分析，从中挖掘出消费者最精准的需求，从而开展更加精准、有效的营销活动。此外，企业还可以通过线上线下数据的深度融合，借助大数据分析结果及其他信息构建消费者画像，从而为消费者打造个性化、精准化、智能化三位一体的消费体验。

【见多识广】

消费是最终需求，是畅通国内大循环的关键环节和重要引擎，对经济有持久拉动力，事关保障和改善民生。习近平总书记在党的二十大报告中指出："增强消费对经济发展的基础性作用。"中央经济工作会议提出："要把恢复和扩大消费摆在优先位置。"恢复和扩大消费需求，需要适应居民消费升级的趋势和方向，大力促进新型消费。新型消费是指以互联网、数字技术、人工智能、区块链等新一代技术的创新与应用为支撑而形成的一系列消费新业态、新模式、新场景和新服务。

三、数字门店的运营模式

商业模式是企业的收益逻辑和价值创造机制。随着科技发展和社会生产力的提升，市场竞争越来越激烈，商业模式的重要性逐渐凸显，并逐渐成为企业之间竞争的最高境界。

智慧零售战略发展思路

近年来传统电商行业面临困境与冲击，一方面电商行业红利逐渐终结；另一方面由于消费升级，电商无法满足消费者的体验需求，而实体零售逐渐回暖。在这种背景下，数字门店运营模式应运而生。市场环境、消费环境和社会环境的巨大变化，激发了零售业经营理念的变革。当今企业之间的竞争，不仅是商品之间的竞争，更是经营模式之间的竞争。面对数字门店创造的新机遇、新挑战，零售企业必须要采取新的经营模式以实现根本性变革，推动企业实现跨越式发展。

（一）经营思维的革新

在零售新业态不断发展的形势下，很多实体门店已经通过转型升级的方式探索下一步的发展模式。实体门店向数字门店模式转变，首先需要在经营思维上进行革新，树立"自营"思维，摒弃"二房东"思想，避免将运营活动简单地停留在致力于销售商品或服务的初级层面。

1. 与供应商构建"利益共同体"，参与到供应商的商品运营中

在传统的经营思维中，实体门店会将供应商放在对立面，为了争取更大的利润，实体门店往往会向供应商提出一些带有"压榨"性质的要求。例如，向供应商收取高额费用，设定不合理的保底销售政策等。随着电子商务行业的发展，许多供应商纷纷转向成本更低的线上电商渠道，致使线下实体门店供应商的类型和数量减少，进而导致线下实体门店的经营更加艰难。

在数字经济的发展趋势下，为了寻求更好的发展，实体门店的经营者应重新调整与供应商的合作关系，摒弃将供应商"敌对化"的思想。在与供应商合作的过程中，实体门店应坚持"共生、共创、共赢"的原则，树立"自营"思维，将供应商所提供的商品"视如己出"，积极参与到供应商的商品管理、促销管理、库存管理等工作中，与供应商协力为消费者提供优质的商品或服务，以服务增值构建供应链上的"利益共同体"。这样才能在销售额增长的情况下，实现与合作伙伴的利益分成，推进零售生态圈的建立。

2. 摆脱粗放式运营管理方式，实行精细化管理

传统实体门店在经营过程中很多都采取粗放型的管理方式，对待供应商的态度是"管理"，而非"服务"；对待消费者的态度是"放任"，一些店员在为消费者提供服务时会显露出不耐烦的情绪，甚至对一些未表现出购买欲望的消费者采取不予理会的态度。

随着市场经营环境的变化，越来越多的实体门店认识到运营管理方式的重要性，着手从购物环境的打造、品牌经营等方面为消费者提供更加人性化、精细化的服务。在实施精细化管理的过程中，会产生大量的数据，经营者应运用数据思维对这些数据进行分析与研究。通过参考数据分析结果，实体门店可以更好地为消费者和供应商提供服务，进而深化精细化管理。数据资源、实体门店硬件环境及软件管理的结合，有利于推动实体门店的转型升级。

在数字经济的发展趋势下，零售企业不仅要在服务上做得更加精细，还要从电子商务中学习成功经验，将互联网技术与线下实体门店运营相结合，以消费者和商品为核心，要让选择商品、支付、物流配送、售后服务、评价与分享等各个环节更加便捷，为消费者创造高质量的购物体验，增强消费者的黏性。

【见多识广】

如果你去过河南的许昌或新乡，你可能会被一家名为"胖东来"的超市所吸引。这家超市不仅商品陈列精美，服务贴心周到，还经常推出各种惊喜优惠和活动，它实行"无理由退换"政策，只要顾客不满意，就可以退货，并且退还金额还会比原价高。对员工实行股份制管理，让员工成为企业的主人，它为员工提供各种培训、咨询、帮扶等服务。如今，胖东来已经成为中国零售界的一面旗帜，它用实践证明了零售业不仅是一种商业模式，也是一种文化传承和价值创造。它展现了中国零售的典范，也展现了中国人民的智慧和创造力。

（二）经营模式的差异化策略

现在的消费者更愿意追求差异化、个性化的商品或服务，因此面对日益激烈的市场竞争，采取差异化经营策略是零售企业获得长久发展的必然选择。

在传统经营模式下，零售企业很难发展出自己的特色，格式化、标准化的经营方式已经无法更好地吸引消费者，因为消费者除了获得商品外无法享受到其他方面的体验。为此，企业必须要通过个性化的变革，打破消费者对传统零售企业的固有印象，从而刺激其购买欲。

具体来说，零售企业可以从以下三个方面来实施差异化策略，开展个性化经营。

1. 商品个性化：提供差异化商品

采取传统经营模式的零售企业，例如超市和百货商店，其商品品类的设置及经营方式有很多相似之处，这会让消费者产生千篇一律的感觉，逛完一家店后，消费者往往不会再去逛其他的店。

为了打破千店一面、千店同品的局面，零售企业需要对自身的商品品类进行调整与优化。例如，对于百货商店来说，需要打破以经营珠宝、服装、美妆等品类为主的限制；对于超市来说，需要打破以经营食品、杂货、生鲜等品类为主的限制。在当前市场环境下，商品的品类日趋丰富，这为零售企业突破品类限制提供了有利条件。为了打破消费者对零售企业固有的印象，对品类进行调整和优化是零售企业寻求发展的必经之路。

2. 功能个性化：发展多样化功能

在现阶段，多数零售企业仅有向消费者销售商品的单一功能，不能很好地满足消费者越来越多样化的需求，这就导致企业在市场竞争中处于劣势。为了提高自身竞争力，零售企业需要发展自身多样化功能，突出自身个性化特征，为消费者提供多样化、差异化的服务。

3. 规划个性化：体现对消费者的人文关怀

零售企业要敢于打破以往的传统观念，勇于对千篇一律的店面规划进行革新。一些超市、卖场的店面规划和室内设计已经不符合当前消费者的消费观念，管理者应该对此进行革新，在满足消费者需求的基础上，体现对消费者的尊重、关怀与信任，展现企业的人文精神，彰显对消费者的人文关怀。

（三）合作关系的跨越

实现经营模式的创新，归根结底是要实现供应链上各个主体之间关系的创新。在传统的经营模式下，百货商场或购物中心希望尽量将风险转嫁给商品供应商；而商品供应商则希望将风险转嫁给分销商或代理商，它们会要求分销商或代理商押款订货、自负盈亏。在这种经营模式下，商品供应商与分销商或代理商之间存在着利益冲突，经常会出现分销商或代理商拒绝押款订货的现象。在数字门店环境下，要实现经营模式的创新，就需要缓和商品供应商与零售企业之间的关系，将它们之间的零和关系转变为战略合作关系，以实现共赢。

任务实施

实训任务一：讨论零售业的演变发展

零售业主要发生了四次革命，具体如下：

第一次零售革命：百货商店出现。1852年，世界上第一家百货商店出现，"前店后厂"的小作坊运作模式被打破。由此，大批量生产成为现实，商品的价格得以降低，商品得以展示，购物成为一种娱乐和享受。

第二次零售革命：连锁商店出现。1859年后，连锁商店形态走向高潮。连锁店的统一化管理和规模化运作，提高了门店运营的效率，降低了成本。同时，它也让购物变得更加便捷。

第三次零售革命：超级市场出现。超级市场在1930年逐渐成形，它开创了开架销售、自我服务的模式，引入了现代化IT系统，提高了商品的流通速度和周转效率，带来了一种全新的体验。

第四次零售革命：电子商务出现。20世纪90年代，电子商务开始普及。购物开始不受空间限制，商品选择范围扩大，选择多样化。而分销体系的颠覆也让商品的价格得以降低。

因此，无论零售的业态怎么变化，其本质都是不变的。零售的发展一定会围绕成本、效率和体验这几个要素。

完成任务:
1. 零售经历了几次革命?
2. 零售的变革带给我们什么启示?
3. 讨论未来数字门店的发展有什么变化。

实训任务二:分析线上大数据形成消费者偏好和竞争者分析报告

零售企业受到传统电商行业的冲击已久,由于线上平台的价格优势,线下零售企业目前的发展态势是被线上电商平台逐一从商品门类中挤占份额20%。未来零售企业可以采用数字化技术开展大数据分析技术,融合互联网流量、数据、技术与生态优势,为线下的零售商铺提供决策上的技术支撑与管理建议。

在实施过程中,根据在线用户的活跃数据,获得线下用户的最佳促销地点和驱动点。通过大数据洞察周边商圈和社区,描绘消费者群体的流向,为店铺定位和线下营销提供数据。具体构建过程为:用户信息洞察,抓取有效用户包。设定线下商铺的有效辐射范围,在范围内抽取社区作为采样点,利用数字化数据报告,分析小区用户分布、消费者消费偏好以及竞争对手的SWOT模型。

完成任务:
1. 请你选择一家零售企业,分析该企业需要从运营的哪些方面抓取数据。
2. 为该零售企业进行消费者偏好分析。
3. 为该零售企业进行竞争对手SWOT分析。

实训任务三:分析传统零售如何创新变革商业模式

消费升级的大背景下,如今消费者的选择越来越多,需求也不断差异化,零售行业的格局也发生了翻天覆地的变化。近年来,传统商超经营普遍承压,"关店"消息不绝于耳。传统零售做的是泛人群,靠着高客流把两三万个商品流转出去,且服务的是所有人。早上有那些为了两毛钱一斤的白菜,或者一块钱的鸡蛋远道而来的顾客;晚上会有很多等着清仓打折的顾客;周末有一些很有购买力的家庭,一次可以购买相当数量的商品。线下客流足够的情况下,这个模式是可以盈利的。但是,当线下客流开始急剧下降,这样的模式就带来不可避免的问题——不能聚焦用户需求。变局之中,社区团购、生鲜电商、便利店等针对不同客群、不同需求的诸多数字门店模式不断涌现。社区团购的优势就在于"线上预售+次日自提"模式解决了传统零售模式的供应链痛点。生鲜消费刚需且高频,可以实现获客成本降低;该模式减少了商品库存周转期,降低商品流通环节的各种成本。

完成任务:
1. 传统零售企业在商业模式运营中存在哪些问题?
2. 请你为传统零售企业制定科学的商业模式变革方案。

实训评价

请扫码下载评价表,进行项目实训评价。

实训综合
评价表

自我检测

1. 什么是数字门店?
2. 常见的数字门店的特征有哪些?
3. 数字门店差异化经营策略包括哪些?

习题小测

一、单选题

1. 以下（　　）不是数字门店的特征。
   A. 能应用互联网技术开展营销　　B. 能减少成本降低损耗
   C. 能应用新兴技术引导生产　　　D. 能精准判断消费习惯

2. （　　）是数字门店的经营中心。
   A. 零售企业　　　　　　　　　　B. 消费者
   C. 生产企业　　　　　　　　　　D. 商品

3. （　　）是数字门店与传统门店的主要区别。
   A. 商品种类　　　　　　　　　　B. 营销渠道
   C. 经营模式　　　　　　　　　　D. 企业规模

4. 数字门店的特征中，（　　）不属于其特征里的内容。
   A. 渠道一体化　　　　　　　　　B. 发展多元化
   C. 成本降低损耗减少　　　　　　D. 商品智能化

5. 数字门店的差异化经营策略里，（　　）不符合差异化策略。
   A. 同质化商品　　　　　　　　　B. 个性化服务
   C. 差异化商品　　　　　　　　　D. 差异化渠道

二、多选题

1. 门店数字化可以（　　）。
   A. 感知消费习惯
   B. 预测消费趋势
   C. 引导生产制造
   D. 为消费者提供多样化、个性化的商品或服务

2. 数字门店的特征包括（　　）。
   A. 商业渠道的一体化　　　　　　B. 以消费者为本的零售体验
   C. 精准营销　　　　　　　　　　D. 降低损耗

3. 数字门店与传统门店的区别包括（　　）。
   A. 技术基础不同　　　　　　　　B. 经营模式不同
   C. 经营中心不同　　　　　　　　D. 商品交易场景不同

任务二　新兴技术在数字门店中的应用

引导案例

冬奥会加速人工智能产业落地 驱动数字经济纵深发展

能够准确识别运动员动作的人工智能裁判、支持多语言服务的智能机器人、L4级别的自动驾驶班车、AI手语主播、直播间里的虚拟人……人工智能为北京冬奥会增添了智慧元素,提升了办赛效率和水平,打造了一场科技感十足的奥运盛会。冬奥会为人工智能技术的加速应用落地提供了更加丰富的场景,将带动相关技术的成熟发展,以及产业的落地应用,驱动数字经济向纵深发展。近年来,数字经济的高速发展为人工智能的发展创造了良好的经济基础与技术环境,同时,人工智能作为关键新型信息基础设施,也被视为拉动数字经济发展的新动能。北京冬奥会见证了人工智能技术的先进性,AI+医疗、AI+安防、AI+零售、AI+对话、AI+工业等,从场馆建设安防到天气预报监测,从智慧医疗到无人零售,人工智能全方位赋能科技冬奥。

（数据来源：根据中国经济网相关资料整理）

【案例启示】

随着新型基础设施的建设推进,消费互联网的升级和产业互联网的发展,人工智能科技产业将步入全面融合发展的新阶段,成为数字经济时代的核心生产力和产业底层的重要支撑,以及激活数字经济相关产业由数字化向智能化升级的核心技术。在"无人化"应用的推动下,会有更多的人工智能技术转化为行业应用。

【任务书】

1. 根据数字门店通过视频监控、人工智能和大数据分析技术帮助、改善、解决店铺目前存在的问题和不足,分析新兴技术在数字门店运营中的作用与重要价值。

2. 针对大数据、人工智能等新兴技术在智慧冷链物流运输中发挥的重要作用,分析门店数字化给冷链物流带来的挑战。

3. 数据标签的价值和意义何在？数字门店如何通过数据标签实现企业的精准营销？

【准备工作】

1. 阅读任务书。
2. 搜集相关资料,分析知名零售企业的新兴技术应用现状及存在的问题。
3. 结合任务书分析新技术在数字门店中常见的问题。

学习任务的相关知识点

随着智能手机以及可佩戴设备的出现,消费者的行为、位置等数据的每一点变化都成为可被记录和分析的数据。庞大的人群和应用市场,复杂性高,充满变化,使得中国成为世界上最复杂的大数据国家。

一、大数据及其商业化应用

在互联网和信息技术的快速发展推动下,大数据逐渐渗入社会的各行各业中,在潜移默化中改变了人类的工作和生活方式,优化了人类思维能力。随着大数据的发展,大数据中的"3V"概念逐渐被人们接受。大数据传统的 3V 基本特征是指 Volume、Variety 和 Velocity。Volume 代表数据总量大,Variety 代表数据类型多,Velocity 代表数据处理速度快。

这个"3V"特征从数量、类型、速度三个维度描述了大数据的本质的构建。

(一)大数据的定义

1. 大数据的定义

大数据是指企业从更多元化的数据源,更快速地获取多种形式的数据,并加以积累、储存、应用。它既包含企业的内部运营数据,如商品数据、用户数据,以及与客户交易交互过程所产生的数据等,又包含企业直接或间接收集、获取或交换所得到的外部数据。综上,大数据是以容量大、类型多、存取速度快、应用价值高为主要特征的数据集合。

2. 大数据的分类

一般以数据结构化程度对数据进行分类,按结构化程度从高到低可以分为四类:结构化数据、准结构化数据、半结构化数据、非结构化数据,如图 1-2 所示。

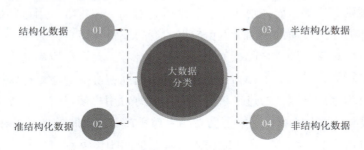

图 1-2 大数据的分类

(1)结构化数据。结构化数据是指数据经过分析后可分解成多个互相关联的组成部分,各组成部分间有明确的层次结构,其使用和维护通过数据库进行管理,并有一定的操作规范。企业的商品数据(例如商品代码、名称、重量、体积等)、库存数据(例如库存数量、存放位置等)、财务数据、生产数据(例如生产日期、批次号、材料号等)都属于结构化数据。这是企业内部运营产生数据的主要类型。

(2)准结构化数据。准结构化数据是指具有不规则数据格式的文本数据,使用工具可以使之格式化。例如,包含不一致的数据值和格式化的网站点击数据。准结构化数据通常是指有一个模板、可识别的文本数据。最常见的形式是一般的网站页面,呈 HTML 格式,在固定位置上会显示出特定数据。例如一个用户注册的页面上面可能是账号,下一行是密码,收集数据时,无法确定具体名称是数字还是文字,这类数据被称为准结构化数据。

(3)半结构化数据。半结构化数据指的是不规则的文本数据,可以通过工具规则化。典型的半结构化数据是网页的点击流数据,网页的点击流记录了用户进入网站的位置和落地页面、二次点击后的跳转页面、每个用户进入网络时的落地点以及后续点击页面。

(4)非结构化数据。非结构化数据是相对于结构化数据而言的,就是没有固定结构的数据,指不方便用数据库二维逻辑表来表现的数据,包括所有格式的办公文档、文本、图片,标准通用标记语言下的子集XML、HTML,各类报表、图像和音/视频信息等。

(二)会员数据标签的设计

1. 会员数据标签的意义和价值

会员数据标签,又称用户的360度画像,是指用很细的颗粒把用户的各种属性都区分出来。例如,对年龄、职业、工作地点、居住地点、生活风格、消费习惯等属性进行区分。会员数据标签就是在会员的档案中加上各种属性栏位,按照数据挖掘方法,赋予会员每个属性栏数位值。有了这些标签,企业在发起任何定向的活动时都能很快找到相对应的目标群体。

2. 会员数据标签的设计思路

会员属性有很多种,属性标签数量越多,企业就能用越细的颗粒区分会员。会员属性可以遵循以下几种设计思路:

(1)基础信息标签,即会员的基础信息。基础信息标签主要是指人口统计信息和会员登记偏好,如性别、年龄、居住地区、上班地区、身高、体重等。用这些最基本的信息区分不同用户群体的方法,通常被用于做粗放型的产品或服务推介。

(2)行为价值标签,即用户的行为记录。这种标签是对会员行为的进一步洞察,常常被用于预测用户行为,包括交互行为、购买行为、商品偏好等。通过这些标签,企业可以对会员的消费行为进行预测。通过销售过程中沟通时对用户偏好与行为方式的了解,或者用户的网上浏览行为,企业可以了解消费者的兴趣所在。这个时候的重点在于构建人、货、场的关系。通过这些信息积累,企业能深入了解会员的购买决策。

(3)需求场景标签,即对用户的行为预测。这是对会员的内心进行洞察所产生的数据,主要是会员的行为特点、价值取向等。例如,一个人是自由职业工作者还是朝九晚五的上班族,是追求时尚风潮还是追求价格取向,这些信息在数据层面是看不出来的,需要对更多场景数据进行更深入的观察、取样,才能归纳和设计出这些属性分类与场景标签。

会员数据标签的积累不是一蹴而就的,即使是同类企业,即使大多数标签都能直接使用,但是会员数据标签会包含很多隐形标签,很多数据只有在学习、积累后才能更加精准。

(三)大数据在数字门店中的应用

大数据为技术性概念的用户画像、精准营销、人工智能等新兴商业运作模式发展迅速提高了相关运营效率，促进了新经济的发展。大数据在零售业企业的应用大概有三个方面：第一，支持管理决策，通常就是商业智能，即把市场信息以及内部运营数据整合在一起，以便企业决策者能够掌握全盘数据，做出正确决策。第二，优化运营。优化运营是紧抓核心的运营指标，让企业不断精进、增长、获利。第三，管理用户生命周期。大数据分析可以被用在会员的拉新、复购、消费频次的提升、唤醒、挽回等工作中。这些活动的最终目的是挖掘会员最大的平均收益或生命周期价值。

1. 用大数据管理决策

许多大企业将关键数据提炼出来作为企业例会的关键数据，用电视墙将这些数据呈现在高层的会议室，供开会时讨论。这被称为"战情室"。这种做法与过去开高层会议时出固定报表只有形式上的差别，根据经验，过去集团开会的时间通常也是各事业部门只截取部分数据展示表演的时间，但是大数据做成固定格式就可以避免这种问题。

2. 用大数据优化运营

在零售行业，运营通常主要有四个维度：商品、会员、渠道、供应链。大数据与传统数据最大的差异表现在对数据的打通和颗粒度上，打通数据代表企业可以跨维度获取信息并进行汇总分析，从而优化经营过程、进行精准营销。以零售业的超市或便利店为例，商品销售数据一般都是从POS机传送过来的，只有每份订单销售商品的明细记录。由于会员数据没打通，只能知道卖了哪些商品，却不知道卖给了谁。如果只有这样的数据，企业永远只能被动地等待陌生的消费者上门或者在投入大笔的营销广告费用后得到一部分用户的一次性消费，之后重新循环这个步骤。这不仅谈不上是对用户全生命周期的管理，更是对企业成本的浪费。颗粒度是指不仅包含商品内容，还要包括例如城市、商圈、门店、商品、消费时段、订单、用户等维度的颗粒化程度。

3. 用大数据管理会员生命周期

用大数据拉新顾客通常需要对外投放广告，拉新获客。大数据在复购、提升消费频次、挽回等应用中，通常也被称为精准营销。精准营销就是精确地选择特定用户群体，清楚了解问题情况，给予用户定制化的营销解决方案。任何企业都不可能有无限的资源，也不会将营销资源浪费在无效的用户身上。企业应根据用户的不同状态，采取合理的方法进行促销，以提升购买频次。

什么是精准营销

二、人工智能及其商业化应用

近年来，随着数据的爆发式增长、计算能力的大幅提升以及深度学习算法的发展和成熟，人工智能迎来了第三次浪潮，在计算机视觉、语音识别、自然语言处理等一系列领域取得了突破性进展，基于人工智能技术的应用也日趋成熟，正深刻改变人们的生产和生活方式。可以说，人工智能就像蒸汽、电力和计算机一样，可能是下一次工业革命的技术动力。

1. 人工智能概述

人工智能（Artificial Intelligence，AI）这一术语最早于1956年由约翰·麦卡锡（John

McCarthy）提出，他认为，"人工智能是关于如何制造智能机器（特别是智能计算机程序）的科学和工程，它与使用机器来理解人类智能密切相关，不局限于生物学领域那些可观察到的方法。"人工智能学科的主要奠基人之一赫伯特·西蒙（Herbert Simon）在1990年应邀为《人工智能百科全书》撰写的序言中，基于物理符号系统假设的立场，认为人工智能有两个主要分支：第一，狭义的人工智能是计算机科学的一部分，旨在探索可通过计算机编程使其行为具有智能的一系列任务，它并未主张计算机智能在过程上模拟人类智能；第二，人工智能是新兴认知科学的一部分，该学科旨在通过编程来模拟人类在智能行为中所运用的实际过程。

美国斯坦福大学人工智能研究中心的尼尔逊教授给人工智能下的定义是："人工智能是关于知识的学科——关于怎样表示知识以及怎样获得知识并使用知识的科学。"国际人工智能协会（Association for the Advancement of Artificial Intelligence，AAAI）则将人工智能看作"对作为思维和智能行为基础的机制的科学理解及它们在机器中的具体实现"。麻省理工学院温斯顿教授的定义更为简明："人工智能就是研究如何使计算机去做过去只有人才能做的智能工作。"

综上所述，人工智能是一种智能，只不过它不是自然界进化而来的，而是人类创造出来的，它的一个重要参照系是人类，可以对人的意识和思维过程进行模拟。人工智能是一门研究如何用人工的方法去模拟和实现人类智能的理论、方法、技术及应用系统的一门科学。

2. 大数据与人工智能主要的区别

大数据需要在数据变得有用之前进行清理、结构化和集成的原始输入。尽管人们把大数据看得很神秘，其实它仍然是一种传统计算。大数据其实就是一堆非常大的数据集，这些大的数据集由非常多样的数据组成，大数据采集只是寻找结果，不会根据结果采取主动行动。而人工智能是输出，是通过处理数据产生的智能，人工智能会根据数据结果采取主动行动。在人工智能范畴里，机器经设计可以对输入信息进行作用或反作用，并模仿人类的行为特点执行认知功能。人工智能系统甚至还可以不断改变自己的行为模式，以适应调查结果的变化，修改自己的反应。这就是两者之间的本质区别。

人工智能和大数据两者之间虽然有很大的不同，却是密不可分的。因为，人工智能需要大数据来帮助其建立智能，特别是机器学习。大数据则通过提供训练学习算法所需的数据，帮助人工智能通过算法进行学习。对于人工智能来说，收集到的数据信息越多，判断结果就会越精确。可以说，大数据为人工智能开启了新的篇章，而人工智能的发展反过来又进一步推动了大数据技术的不断进步，两者相辅相成。

【见多识广】

数字经济正引领推动生产方式、生活方式、治理方式深刻变革，以数字为核心的智能城市建设已进入以改革突破、模式创新、深度融合、成效导向为关键特征的"深水区"。雄安新区坚持数字城市与实体城市同步规划、同步建设，高标准推进国家数字经济创新发展试验区、区块链综合试点城市，雄安新区打造了智慧工地、智能接驳、无人超市、无人驾驶汽车、白洋淀智慧监测、数字资产交易等丰富的试验应用场景，为技术攻关迭代和商用转化提供了有力支撑。

3. 人工智能的应用

目前，人工智能在各个领域的应用已经非常广泛。在消费零售领域，人工智能在商务决策场景、精准营销场景、客户沟通场景等各个零售环节多点开花，如图1-3所示。应用场景碎片化并进入大规模实验期，人工智能在消费零售领域的应用场景正在从个别走向聚合，传统零售企业与电商平台、创业企业结成伙伴关系，围绕人、货、场、链搭建应用场景。人工智能在营销上的应用可能比其他方面的应用场景更多，效果也更显著。

什么是智慧营销

图1-3 人工智能的应用领域

人工智能可以用于以下四个场景：

第一，门店智能视觉识别。能准确统计门店每日的客流量，进行科学的数据营销；购物广场的安防监控采取影像辨识方法，在入口或主要通道查看是否有行为异常的人进入或未授权的人进入管制区域。另外，还可以通过智能系统监控人的不当行为或危险动作。

第二，店内的动线分析。智能系统可以追踪每个客人在店内的行动轨迹和停留时间，这对于评估店内商品陈列位置有重要效果。动线分析法就是将商品放在人们行进的路线上和视线范围内，让人们进来之后根据商场设计的想法一步一步地把整个卖场都全部走到，其在商业综合体内的应用非常广泛。而在物流领域中，动线则是货物、设备、器材、废弃物和人员的移动路线，使拣货员行走距离最短拣到正确的货物，这就要合理规划仓库的货架布局和货架中货物的摆放位置，设计合理的物流动线对仓库内部的设施布置和其总体规划等具有十分重要的作用。

第三，货架热点感知。通过货架热点感知，可以知道商品陈列的效果，例如某个货架位置被认为是较好的，当把某些商品摆放过去时，是否得到了该有的消费者的关注和停留。通过商品销量仅仅能判断商品陈列的部分效果，而热点感知就如同找到一些临时工守在店铺里，每个消费者进来都有一个临时工从头到尾地跟着，这个消费者的行走路线、查看的具体商品、最终购买的商品等信息会被统计出来。获得数据后可以通过分析顾客行为、停留时长、重点关注区域，进行货品陈列优化、进销库存管理、流行趋势分析、商品营销决策等工作。

第四，货架智能监控。门店内陈列方式方法一般都有非常严格的规定，而且还要根据节日庆典、季节或天气的变化调整陈列的位置和商品，每天都要人工统计缺货率并保证其在最小范围，这些都是产生销售转化的关键。随着技术的发展和智能货架的出现，这些烦琐的事务不再需要大量的人力就可以在很大程度上得到解决。

素养园地

把握机遇　拥抱智能新时代

2023世界人工智能大会在上海拉开帷幕。大会首次设置"迈向通用人工智能"主题展区，集中展出30余款大模型；10多家芯片企业展示10多款芯片，人工智能算力底座持续深化。当前，越来越多的共识认为，第四次产业革命正在到来，这次革命的标志就是人工智能。在数据、算法和算力三大核心要素的相互支撑与作用下，人工智能不断发展并向各行各业广泛渗透，从供给侧和需求侧两端深刻影响经济社会产业发展。

目前，在数据、算法和算力三大要素中，我国拥有海量数据，但数据质量及综合应用仍有不足；算法上也取得了长足进步，但底层框架搭建仍需发力；算力基础设施加速建设，算力规模已居世界第二，但芯片领域"卡脖子"仍掣肘我国算力的进一步发展。

可见，我国人工智能发展既面临重大机遇，也遭遇不小的挑战。对此，必须坚持技术创新和制度创新双轮驱动，加快补短板、锻长板、建生态，加快掌握我国人工智能技术和产业发展的主动权，不断促进人工智能赋能高质量发展。

（资料来源：根据中国经济网相关资料整理）

任务实施

实训任务一：分析新兴技术在数字门店运营中的需求特点与重要价值

随着国内经济的飞速发展，各类专卖连锁店雨后春笋般成长，商业竞争不断加剧。商业模式也逐步由传统坐商向极具主动性的行商转变，潜在的问题也随之出现，如店铺的财物安全、店员的管理、盗贼抢匪、顺手牵羊的行为等。数字门店通过视频监控、人工智能和大数据分析技术帮助、改善、解决店铺目前存在的一些问题和不足。

完成任务：

1. 假如你是某数字门店店长，你认为门店的数字化管理系统应该包括哪些方面的子系统，每个子系统的需求特点（功能）有哪些？

2. 分析新兴技术在远程巡店、客流统计、顾客管理、经营管理等方面发挥的重要作用与价值。

实训任务二：分析数字门店给冷链物流带来的挑战

数字门店的产生是为了快速满足消费者的需求，数字门店带来的需求更加碎片化。基于该特点，传统冷链物流要向智慧物流转变成了内在要求。数字化经营门店的冷链物流更需借助大数据，分析消费者购买习惯，设计好物流配送路线、生鲜配送路线及生鲜产品的冷库点，保证产品新鲜安全，为消费者提供最佳服务。

完成任务：

1. 举例说明大数据、人工智能等新兴技术在冷链物流运输中发挥的重要作用。
2. 请你分析数字化门店经营给冷链物流带来哪些挑战。

实训任务三：会员数据标签实际应用

店员通过查阅记录发现，张先生上个月来店消费了四次，平均一周来店消费一次。如果系统发现张先生一周没有来店消费，这时企业会采取什么措施？会马上通知他吗？不一定，因为通过查阅记录发现，有一些消费者的来店时间是稳定且有规律的，有一些消费者就是会偶然性地间歇停止消费，偶然性地间歇停止消费并不代表会员的流失。进一步深入进行会员分析时我们会发现，张先生当下在另外一个城市的门店有消费，这说明他出差了。张先生是常出差的人，他很可能有1~2周不在当地，无法在之前的门店消费。这个时候如果企业通知他"我为你提供某优惠"实际上是一种骚扰，用于通知的支出对企业来说也是不必要的。

如果张先生不经常出差，本身是一个消费情况比较规律的消费者，那么当他一段时间没有来消费，系统就会判定其有流失的可能性。企业应当通过短信、App或其他方式发一个信息："张先生您好，有一周没见到您了！为感谢您的持续关注，今天到本超市购买盒饭，您可以得到七五折优惠。"这时张先生不需要领取任何折价券，不论他到哪个店面，只要有App，买盒饭时就可以获得七五折优惠。

张先生付钱时，店员可能会说："张先生今天要不要再带一杯咖啡？"为什么店员会这样说？这并不是因为店员有超强的记忆力，可以记住每个消费者的喜好，而是因为店员收银机的后台界面显示"张先生是咖啡达人"。这种推荐是经过精密计算得出的，一般只有推荐成功率在65%以上，系统才提示店员进行推荐。对会员数据进行收集、储存、标签建立、观察、反应、反馈的整个循环，被称为大数据的闭环。

实训任务：

1. 会员数标注可以给零售企业带来哪些价值？
2. 零售企业应该如何为用户做数据标签？
3. 该门店是如何通过会员标注实现精准营销的？

实训评价

请扫码下载评价表，进行项目实训评价。

实训综合
评价表

自我检测

1. 什么是大数据？怎样通过大数据开展商业化应用？
2. 什么是人工智能？常见的人工智能应用有哪些？

习题小测

一、单选题

1. 随着大数据的发展，大数据中的"3V"概念逐渐被人们接受，以下不属于"3V"基本特征的是（　　）。

   A. 数据总量大　　　　　　　　　B. 数据的类型多
   C. 数据的处理速度快　　　　　　D. 数据的可视化

2. （　　）不是结构化数据。

   A. 商品名称　　　　　　　　　　B. XML 数据
   C. 库存数量　　　　　　　　　　D. 商品重量

3. （　　）不属于非结构化数据。

   A. 图片　　　　　　　　　　　　B. 视频
   C. 商品体积　　　　　　　　　　D. HTML

4. 人工智能在营销应用领域，（　　）不属于营销领域的应用。

   A. 购物广场动线分析　　　　　　B. 货架智能监控
   C. 热点监控　　　　　　　　　　D. 语音识别

5. 不属于人工智能系统的是（　　）。

   A. 自动柜员机（ATM）　　　　　B. 人脸识别技术
   C. 自动驾驶　　　　　　　　　　D. 无人超市

二、多选题

1. 大数据是企业从更多元化的数据源、更快获取多种形式的数据，它包含（　　）。

   A. 商品数据　　　　　　　　　　B. 用户数据
   C. 外部数据　　　　　　　　　　D. 结构化数据

2. 大数据的特征包括（　　）。

   A. 容量大　　　　　　　　　　　B. 类型多
   C. 存取速度快　　　　　　　　　D. 应用价值高

3. 大数据的分类包括（　　）。

   A. 结构化数据　　　　　　　　　B. 准结构化数据
   C. 半结构化数据　　　　　　　　D. 非结构化数据

任务三　线上线下深度融合的闭环生态体系

引导案例

线上线下融合零售

某零售企业最大的特点是快速配送，门店附近5千米范围内，最快30分钟送达，消费者14：50在App上下单，可选最近预约送货时间是15：00~15：30，该企业送到家最长时间一般不会超过1小时。在该企业App购物，不能预约隔天送达，只能当天送达，因为消费者对预约第二天送到的需求很小，习惯随时下单随时送货。

该零售企业以线上线下融合的方式，为消费者带来了更加丰富多样的高品质商品。它们的门店不仅提供传统的购物体验，还引入了智能设备的支持，让购物更加便捷高效，只需扫描商品码便可轻松支付，节省了大量时间。同时，门店与线上商城相连，优化了库存管理和供应链，实现了线上线下商品的互通互补，提供了多元化的购物体验。更重要的是，该企业通过用户数据分析，不断优化商品搭配和库存管理，提升用户满意度，增加复购率。这种智能化的应用，让该企业的购物体验达到了前所未有的高度。

（数据来源：根据光明网相关资料整理）

【案例启示】

无论是商业模式创新，还是互联网技术创新，最终的落脚点都是提高效率、降低成本与改善体验。线上线下深度融合、互为补充，已经成为零售企业提质升级的重要手段，该企业实行产品周转数字化管理，大力发展即时配送，切实提升了工作效率，为消费者带来了更加便捷的购物体验。

【任务书】

1. 根据零售企业经营现状，了解零售企业的发展模式和未来趋势。
2. 结合零售企业注重消费者购物体验，分析数字门店都有哪些模式以及O2O模式成功的主要原因。

【准备工作】

1. 阅读任务书。
2. 搜集相关资料，分析知名零售企业线上线下融合现状及存在的问题。
3. 结合任务书了解知名零售企业经营中在线上线下融合方面的独到做法。

学习任务的相关知识点

线上到线下（Online To Offline，O2O）指将线下的商务机会与线上互联网信息技术相结合，让互联网成为线下交易的前台。数字门店线上到线下的O2O模式不是简单的"从线上到线下"，也不是"从线下到线上"，而是线上线下的完美融合，通过整合线上线下资源，让两者实现资源共享，互通有无。

O2O是企业在品牌和用户定位的基础上，融合线上和线下的全渠道、全接触点，利用社交媒体、移动互联、物联网和大数据等技术，推动大会员社区化和内部资源电子化，随时随地为消费者提供极致和闭环的客户体验，有效提升品牌的社会资本，实现消费者与品牌之间的信任连接的一种商业设计。

一、O2O闭环生态体系的应用模式

随着经济进一步发展，传统电子商务模式的红利正在逐渐消失。随着O2O模式的应用与普及，很多企业已经打破了传统的O2O线上销售、线下体验的局限，形成了多元化发展的现象。目前，常见的零售O2O应用模式有以下四种：

1. 线上引流，线下体验与成交

将线上店铺、公众号等作为引流的渠道，商品和服务的成交和体验都在线下完成。实体门店通过开展线上运营与消费者进行互动来了解消费需求，为线下门店的运营提供相应的依据。

2. 线上成交，线下服务

对于家政、装修、酒店、餐饮等行业来说，它们所提供的服务无法在线上完成，所以就形成了线上交易、线下服务的模式。

3. 线上线下相互导流，均可实现交易

线上线下相互导流的模式是发展比较成熟的一种模式，即实体门店通过线上交易引导消费者到店体验，也可以通过线下门店的活动为线上店铺吸粉。

4. 门店内部提供二维码，消费者可以直接扫码下单结账

客流量比较大的实体店可以采取这种模式来减少消费者需要排队等候的时间，提升工作效率，同时能够实现向线上导流。但对于客流量比较小的实体门店来说，这种模式对向线上导流的帮助有限。

【见多识广】

数字经济发展的大趋势下，零售O2O的主要发展趋势就是数字化趋势，数字化转型是零售企业的必然选择。对于线上电商、线下零售的企业及物流来说，技术革新在数字门店的变革中发挥着重要的作用。零售企业实施数字化转型，为消费者提供更多的选择渠道、更好的购物体验，这是实体零售企业的重要选项，也是必选项，需要企业在数字化营销、数字化服务、数字化交易和数字化供应链等方面来实现转型。

二、O2O闭环生态体系的主要内容

O2O闭环生态体系的核心是将线上线下相互融合，在构建闭环生态体系的过程中，所有的工作都必须以此为中心来展开。O2O闭环生态体系由四个部分构成：

1. 线上线下消费者兼顾融合

在O2O闭环生态体系中，消费者的来源有线上和线下两种渠道。虽然现在网络购物

已经非常普及，但仍有一部分人习惯去实体门店购物，他们认为实体门店更加可靠。因此，经营者需要树立这样一个观念：无论是线上的消费者，还是线下的消费者，都是自己的目标消费者，不能忽视任何一个渠道内的消费者。

与传统的网店以线上营销为主、实体门店以线下营销为主的思维不同，在O2O闭环生态体系中，线上和线下不能完全分割开来，必须要实现线上线下消费者的兼顾与融合。

2. 线上线下商品资源融合互动

商品的流通速度决定了商品资源是否能够转化为实际的经济效益。商品的流通速度越快，转化率越高，就能越快速地为经营者带来效益。

销售商品就如同投资，只有让商品快速地流通起来，经营者才能获得利润。O2O闭环生态体系的作用就是优化和调配各类资源和渠道，帮助企业实现商品的快速流通，进而带动利润的增长。

3. 线上线下购买环节融合

商品的购买环节分为线上和线下两种渠道。在O2O闭环生态体系中，要实现线上和线下两种渠道的融合，可以走线上浏览、线下购买或线下体验、线上购买的路线。在实体店中消费者可以线下门店体验，线上店铺下单，或者网上浏览选中，线下门店体验、购买。O2O闭环生态体系打通了线上线下渠道，将购物环节进一步融合，为消费者提供线上浏览、线下购买，线下体验、线上购买的服务，实现各购买环节的融合。

4. 线上线下营销方式融合

零售企业开展营销推广的渠道也分为线上店铺推广和线下门店推广，实体门店更多地做线下门店宣传，或者以线下宣传为主、线上宣传为辅。随着新媒体的发展，线上营销推广的范围越来越大，更有利于加快传播速度。对于中小企业来说，新媒体推广的优势更为突出。O2O闭环生态体系就是将线上营销渠道与线下营销渠道相结合。

【见多识广】

O2O的核心是客户体验，它是虚拟体验与现实体验的融合。O2O的实质是一种连接，建立在移动互联上的消费者与品牌之间的连接。O2O的核心业务场景是社交、本地和移动的结合，关键是数据，对外基础是大会员体系，对内基础是企业资源的电子化、数字化。O2O的特点是全渠道、全接触点、全体验、全零售。O2O的考核需要关注品牌的社会资本，而不仅仅是销售业绩转化。O2O是企业的战略工程，是围绕品牌定位、用户定位的一种商业设计。

任务实施

实训任务一：分析乡村书店发展模式和未来趋势

中央宣传部办公厅、文化和旅游部办公厅联合印发《关于推动实体书店参与公共文化服务的通知》，鼓励实体书店参与公共阅读资源建设，推动实体书店与公共文化机构融合发展。目前乡村书店的类型主要有以下五种模式：一是以各地实施的"新华书店＋农家书屋"微改革模式。二是在乡村建设"文旅融合书店",带动旅游经济发展。三是选择具有一定文化底蕴和文化特色的古村落建立古村落文化书店。四是将实体书店建设成"文化+科技"的乡村景观新地标。五是城市实体书店有意识布局乡村,打造连锁书店。

完成任务:

1. 乡村书店有哪些模式?
2. 乡村书店在乡村文化建设中有什么作用?
3. 乡村书店未来的发展有什么趋势?

实训任务二:"便利店+App"模式,数字门店发力"社区O2O"

某数字门店是数字"社区O2O"领域的重点项目,该数字门店定位于社区服务,采用"便利店+App"模式,由实体门店和独立App结合而成,构建在最后一公里基础上,满足消费者购物、餐饮、闪送等生活购物和日常服务需求。

该数字门店依托数字大生态链,快消品与该零售企业自身的超市采购体系共用。与其他便利店不同的是,该数字门店的核心诉求是解决消费者的一日三餐,其主营产品品类包括早餐、生鲜、奶制品、食品饮料等。生鲜品类占比远远高于其他便利店,达到30%左右。该数字门店还为消费者提供休息区和就餐区,未来还将不断丰富服务职能,并逐步推出个性化、定制化服务,如免费WiFi、打印、复印、扫描、共享充电宝、雨伞、蛋糕预定等,同时依托售后提供电器维修、洗衣、水电煤缴费等便民服务。

完成任务:

探究分析该数字门店社区O2O模式成功的主要原因。

实训评价

请扫码下载评价表,进行项目实训评价。

实训综合
评价表

自我检测

1. 什么是O2O?
2. 常用的O2O包括哪些分类?
3. 对于O2O的运营实践,你还有哪些方面的想法?

数字消费打造
多样场景
促进线上线下
多元融合

习题小测

一、单选题

1. 数字门店 O2O 模式是指（　　）。
A. 线上线下融合　　　　　　　　B. 从线上到线下
C. 从线下到线上　　　　　　　　D. 线上交易

2. 在 O2O 闭环生态体系中，商品的购买渠道主要指的是（　　）。
A. 线下渠道　　　　　　　　　　B. 线上线下融合
C. 线上渠道　　　　　　　　　　D. 实体店铺

3. （　　）不属于 O2O 闭环生态体系。
A. 线上线下融合购买　　　　　　B. 店铺扫二维码店内消费
C. 实体店铺消费　　　　　　　　D. 线上线下营销方式融合

4. O2O 的核心是（　　）。
A. 线上购买　　　　　　　　　　B. 线下消费
C. 扫码消费　　　　　　　　　　D. 客户体验

5. （　　）不属于 O2O 的特点。
A. 全闭环　　　　　　　　　　　B. 全渠道
C. 全接触点　　　　　　　　　　D. 全体验

二、多选题

1. 常见的零售 O2O 应用模式包含（　　）。
A. 线上引流，线下体验与成交
B. 线上成交，线下服务
C. 线上线下相互导流，均可实现交易
D. 门店内部提供二维码，消费者可以直接扫码下单结账

2. O2O 闭环生态体系由四个部分构成，包括（　　）。
A. 线上线下消费者兼顾融合　　　B. 线上线下商品资源融合互动
C. 线上线下购买环节融合　　　　D. 线上线下营销方式融合

3. 线上成交，线下服务可以用于（　　）领域。
A. 家政　　　　　　　　　　　　B. 装修
C. 酒店　　　　　　　　　　　　D. 餐饮

项目二

会员体系重构

学习任务

为迅速掌握消费者信息、获取更多用户反馈和海量消费数据,越来越多的零售企业开始构建会员体系,会员体系可以绑定和用户之间的长期服务,培养用户习惯,吸引并留存消费者。会员体系构建以及运营是一项重要的工作,需要以消费者需求为导向,提供容易理解的会员等级和认可的价值权益,运用会员积分、会员服务、会员裂变等手段,持续激励消费者,持续深耕细作,以便吸引并留存更多会员用户,从而更好地为企业驱动O2O闭环自循环提供海量数据支撑。

教学目标

【能力目标】

1. 掌握构建会员等级体系、权益体系，能够为零售企业设计会员体系；
2. 能够按照需要为零售企业制定合理的会员积分生成规则、兑换规则、积分发放比例；
3. 能够找到零售企业会员积分不活跃的原因并采取激励措施提升活跃度；
4. 能够为企业制定合理会员章程和会员管理制度来维护老会员，留住忠诚顾客；
5. 能够对用户进行生命周期管理，采用合适的方法开发新会员，帮助会员成长，维护用户关系。

【知识目标】

1. 掌握会员体系的构成要素；
2. 了解会员积分临界点的概念；
3. 掌握付费会员体系设计的原则；
4. 掌握数字门店多渠道获客途径；
5. 了解会员裂变的作用与实施策略。

【素养目标】

1. 树立"利他""共赢"思维，学会从他人的角度思考问题，学会用"利他思维"去思考解决问题，主动关心他人，敢于承担责任，不怕吃亏，实现共赢。
2. 作为新时代中国青年，要努力成长为能够担当民族复兴重任、富有时代创新精神、综合素质过硬的专业技术人才。

思维导图

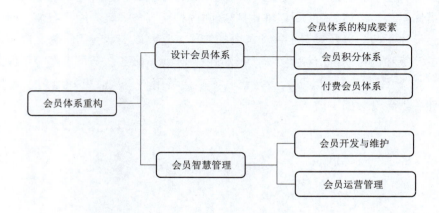

任务一　设计会员体系

仓储会员超市独特的商业模式

消费者要想获得某大型仓储会员超市提供的低价高品质的商品，就需要办理会员卡，成为付费会员，否则无法消费结账。该超市付费会员体系有两个级别：一般等级为金星会员，每年会费为260元；更高级别称为行政会员，每年会费520元。超市开业以来，生意火爆程度出人意料，新店开业时会员卡即卖出16万张，想在其所在商场停车至少需要等待3小时。以往几乎所有的零售商的利润都来源于赚取商品差价，这条习以为常的认知被改变，超市在2021财年的商品销售额是2 227.3亿元，其中商品成本是1 993.8亿元，销售费用（销售、一般和行政）是197.8亿元。商品毛利高达10.48%，其商品的净利润率低至1.6%，另外它在上一个财年的会费收入42.2亿元，构成了其运营利润77.3亿元的主要来源。

该超市会费与收入的占比约为2%，几乎等于净利润率。也就是说，如果不收会费，企业净利润率就几乎等于0。以2022年为例，超市净利润为58.4亿元，会员收入为42.2亿元，也就是说，该超市有72.3%的利润来自会费。

（资料来源：根据中国经济网相关资料整理）

【案例启示】

该仓储会员超市核心的商业模式是付费会员制，这种商业模式打破了传统零售依靠售卖商品获得利润的模式，其本质是在经营会员，而不是经营商品。付费会员制是以企业和消费者双赢为"标的"的特殊契约模式——企业收取会费，能获得一笔直接收入；而消费者缴费入会之后，可以获得一些"消费特权"，比如更优质的服务。为消费者提供性价比更高的商品，提供更优质的服务，保障好消费者权益，是零售企业赢得消费者、赢得市场竞争的"法宝"。

【任务书】

1. 收集用户需求和行为集合，分析用户体验场景及痛点，绘制用户体验地图并进行会员等级体系设计、会员权益设计。
2. 分析零售企业会员激励方案，并为企业设计合理的会员积分体系。
3. 设计良好的积分激励规则，利用积分体系帮助会员成长及活跃留存，制定科学的会员激励方案。

【准备工作】

1. 阅读任务书。
2. 搜集网络、视频资料，了解知名零售企业会员体系设计情况。

3. 结合任务书分析会员体系构建的难点和常见问题。

学习任务的相关知识点

一、会员体系的构成要素

会员是由企业发起,并在其管理运作下与客户进行沟通的媒介。企业为客户提供一系列具有高级感及价值的奖励,如购买优惠、增值服务等,以吸引客户自愿加入,加入的客户即成为会员。零售企业实施会员制最重要的任务是,根据自身品牌定位与战略定位制定科学的会员体系,包含会员命名、等级阶数、成长值算法和会员权益四个重要元素。其中丰富会员权益是核心,会员命名、等级阶数、成长值算法是辅助。

制定会员体系是为了区分核心消费者或通过等级差异吸引消费者行为,本质上是通过一系列会员运营规则和特殊权益吸引并留存消费者,提高消费者对零售企业的忠诚度,维护客户关系,从而催生更多高价值用户,进而反哺企业各项业务,逐步将消费者培养为产品或服务的忠实粉丝。

1. 会员命名

会员命名是企业品牌文化和目标客户群特征的综合体现,通常会员命名会以金属作为主线,其中银、金、钻石等最为常见。如果产品有特殊的品牌文化和目标用户,可以考虑在命名上加入品牌元素。

【见多识广】

亚朵会员在命名方面充分体现了"舒心微笑"的品牌特征,等级会员共分为五级,分别为注册会员(初遇)、银会员(识君)、金会员(知己)、铂金会员(执手)、黑金会员(逍遥)。

2. 等级阶数

等级阶数是指对目标客户群的实际消费能力进行分层,主要是由产品转化路径的长短决定的。转化路径短的产品需要较少的阶数即可覆盖客户群的全部消费能力,转化路径长的产品则相反。如社交类产品的转化路径一般很长,因此需要足够的等级阶数才能维持会员活跃度,以确保客户留存。此外从成本角度分析,零售企业如果在会员权益上付出的成本高,通常需要控制会员阶数;而如果在会员权益上付出成本较低,则适当增加会员阶数。

通常情况下,会员等级可以采用金字塔式结构,即处在底部的会员数量占比最高,会员数量占比按照会员的等级逐渐减少,处在金字塔顶端的会员数量占比最低。

3. 成长值

成长值是对会员活跃度与消费能力的综合衡量,主要用于划分会员等级。维持或提高会员等级需要通过获取成长值实现,不同企业会员的成长值获取方式及计算方法因其产品特点和业务变动速度的不同而有所不同。在会员等级体系中,通常是通过成长值的增减来刺激和引导用户完成价值行为的。

（1）成长值的增加。免费会员通常完成指定任务后即可获得相应的成长值，这些任务包括成长任务（每天只能参与一次）和日常任务（一天内可反复完成）。

影响会员成长值的因素主要包括消费行为、活跃行为和信誉评级。对零售企业来说，影响其运营效果最关键的因素是交易额和能够促进交易的内容。因此，在影响会员成长值的三个因素中，消费行为和活跃行为更为重要。

（2）成长值的减少。成长值有增加就必然有减少，这样才能让其生命周期形成一个完整的闭环。成长值的减少是一种负向激励，零售企业可以通过减少成长值来刺激会员持续产生价值。

成长值的减少通常有三种方式：会员获得成长值的行为不再有效，例如会员产生删除评价、退货等行为；后台干预扣除成长值；会员身份或等级过期。

4. 会员权益

会员权益是零售企业为会员提供的一系列具有价值的权益包，是维持会员活跃与留存的驱动力。从用户的角度来看，一个好的会员体系应该具有突出的核心权益，能够满足会员使用本企业产品的核心需求。从企业角度来看，会员权益应该形成良好的业务闭环，能够促进用户可持续消费，尽可能追求用户价值最大化。

【见多识广】

权益，顾名思义，包括"权"和"益"两种。从感知强度上来说，"权"大于"益"，因为"权"从本质上来讲是一种歧视政策，如果两者能够结合，就会产生强烈的化学反应。好的会员权益的设计，必须能在10秒钟内让用户感知到其价值。

二、会员积分体系

会员积分是在积分制管理模式下，会员通过购买商品或服务、参与活动等方式获得积分。当会员积分达到一定数量时，可通过消耗积分获得相应的优惠服务。在这个过程中，积分发挥着虚拟货币的作用。特别是零售行业，要在品类繁多、价格差异巨大的交易体系上，为消费者建立一个系统性、可操作性回馈奖励机制，虚拟货币无疑是一个非常好的方案。积分具有货币属性，设计良好的积分体系，首先具有流通价值，消费者购物时具有显著的购买力；其次零售企业积分体系必须有明确的规则。

（一）积分规则

针对品牌商和零售企业线上渠道运营的积分规则包括：

1. 设置生成会员积分规则

零售企业需要制定合理的会员积分生成规则，包括积分获取的门槛和途径。积分获取门槛的设置要合理，不宜太高也不宜太低，门槛太高会让会员望而却步，无法提升其参与度，而门槛太低又会让会员觉得积分没有价值，是可有可无的存在。此外，积分获取途径要尽量多样化，这样可以增加积分获取的可实现性和趣味性，进而提高会员的积极性。

常用的会员积分生成规则如下：

（1）消费金额换算积分。消费金额换算积分就是将会员在店内的消费金额按照一定的比例换算成相应的积分，包括固定换算和多级换算两种换算方式。其中固定换算是按照固定的比例将客户的消费金额换算成积分，通常是1元=1积分。多级换算是指设置不同的消费区间，再根据不同的消费区间设置不同的换算比例。例如：单笔消费金额在200元以下，1元等于1积分；单笔金额为200~800元，1元=1.5积分；单笔消费金额超过800元，1元=2积分，以此类推。

（2）会员等级积分。会员等级积分是指与会员等级相匹配的一种积分生成机制，即不同等级的会员可享受不同等级的积分奖励。例如：普通会员交易成功一次，1元=1积分；高级会员消费金额满1 000元，1元=1.5积分。

（3）额外奖励积分。额外奖励积分是指除了消费金额换算的积分和会员等级积分，针对一些特定消费情境设置的积分奖励。

（4）互动活动奖励积分。互动活动奖励积分是指会员可以通过参与零售企业在线上渠道（如线上商城、电商平台上的网店、App）设置的互动活动获得积分。通过设置互动活动，零售企业可以增加会员的复购次数，同时可以借助开展具有调研性质的互动活动来获取有效的会员信息和会员反馈，以便有效地开展营销活动。

互动活动奖励积分的方式主要有以下几种：

①每日签到奖励积分。会员每天在线上店铺内签到即可享受一定的奖励积分。例如，每天签到5积分，连续7天签到，额外奖励20积分，连续一个月签到额外奖励50积分，连续7天签到后，之后每天签到奖励10积分，如中间有间断，则恢复每日签到奖励5积分。这种积分方式的特点就是会员获取积分非常简单，能够提高会员的参与度。

②收藏奖励积分。对于线上店铺来说，零售企业可以设置会员收藏店铺或关注店铺可获得积分奖励，这样可以借助积分吸引会员对线上店铺的关注，为以后为新会员开展营销推广奠定基础。但是收藏店铺，所获得的积分要高于签到所获得的积分，这样才能最大限度地吸引会员采取行动。

③游戏互动奖励积分。零售企业可以设置一些具有趣味性的游戏邀请会员参与，然后根据会员完成游戏的情况给予一定的奖励积分。

④填写调查问卷奖励积分。零售企业可以设置一些调查问卷，邀请会员参与填写，如网上商城商品或服务满意度调查、商品偏好调查、商品搭配套餐需求调查等，对于填写调查问卷的会员给予一定的奖励积分。

⑤推广奖励积分。会员完成推广店铺的任务后可以给予一定的奖励，这种积分奖励机制有助于帮助店铺实现口碑营销，为店铺吸引更多的新会员。

2. 设置兑换会员积分规则

在积分制度管理中，真正涉及会员福利的是积分兑换政策。会员积累了一定数量的积分后，即可参与店铺设置的积分兑换活动。最常见的积分兑换规则有以下几种：

（1）积分兑换商品或礼品。使用部分或全额积分兑换商品或礼品。如果是全额积分兑换，兑换的商品可以是店铺内的商品，如店铺推广的商品、新品、体验品等，也可以是与店铺商品相关的其他商品。如果是部分积分兑换，可以将积分当作虚拟现金，让会员以部分积分价值扣价的形式来购买商品；采取这种形式的积分兑换机制时，最好对每个会员可兑换的商品数量进行限制。

（2）积分兑换优惠券。积分兑换优惠券的方式实际上也是将积分当作虚拟现金，以为会员提供价格优惠的方式实现对会员的回馈。使用积分兑换的优惠券可以是品牌优惠券，也可以是店铺优惠券。使用这种兑换方式时，要注意为每批次兑换的优惠券设置有效期。

（3）积分兑抵扣消费金额。将积分按照一定比例兑换成消费金额，让会员在购买商品时抵扣现金，如1积分减免0.01元，那么会员在购物时使用100积分就可以减免1元。这种兑换方式就是将积分转化成实实在在的消费金额，让会员感到实惠。

（4）积分兑换会员升级权利。会员可以使用积分来兑换升级会员等级的权利，进而获得相应等级的会员权益，即各种积分的获取，最终要归结到会员权益上。这种方式比较适用于拥有完善会员等级管理制度的店铺。

如何设计一套循环性增长的会员体系

3. 设置积分发放比例

合适的积分发放比例可以保障营销成本的最优化及用户的长期黏性。从经济学理论的角度来看，可以将边际成本（MC）等于边际收入（MR）作为费用投入的上限。零售企业一般按照销售额的一定比例为促销预算，因此积分总体的发放要参考整个消费促销预算。积分可分为基础积分与促销积分，基础积分是例行的、长期性的承诺（最少一年），促销积分则是根据实际情况确定。基础积分一般占积分总量的30%~50%，剩余的积分作为不同时段的动态促销积分予以发放。

（二）会员活跃度

会员积分是激活会员的重要武器。积分活跃程度就是会员活跃程度的风向标。实行会员积分的目的是吸引和留住客户，但是很多零售企业只停留在开发和吸收会员这一层面，对会员成长及活跃留存方面的问题重视不足。实施会员制的企业要不断通过会员折扣、积分赠礼等促销活动吸引消费者注册会员，若会员不活跃，就不能真正留住客户。

1. 导致零售企业会员积分不活跃的原因

零售企业会员积分不活跃的原因包括：第一，缺少激励会员持续活跃的措施，无法为会员提供更多增值服务，企业与会员之间往往是广告促销、新品推送等形式的单向信息传递，缺乏双向沟通与交流互动，也缺少情感关系上的维系活动。第二，企业积分发放率过低，有的企业发分率是千分之五，甚至是万分之五，发分率过低导致会员感觉不到积分的存在。第三，零售企业心态不积极。会员获得积分后，企业不能及时与会员沟通，不愿告诉会员有多少积分，导致会员积分过期后被清零。第四，产品线太单薄，积分兑换场景单一，只能在企业商城里冲抵现金，会员不认可积分的价值。

2. 激活会员活跃度的方法

（1）区分基本积分与促销积分。基本积分的发放规则基于发分率的机制而定，是零售企业对会员的承诺，会员在任何时候消费都会得到相应比例的积分。基础积分是企业与会员长期绑定的契约，不可以轻易改变，否则企业将很难获得会员的信赖。相较于基础积分，促销积分则需要保持弹性，它应该按照特定情境发放。促销的普通积分可以当作基础积分通过营销活动产生，比如签到奖励、推荐送积分、特定时间段购物加赠积分或者会员日消费积分翻倍等，可以在零售企业承诺的所有场景中正常使用。用普通积分作为营销活动回馈的优点是会员接受度高，运营操作简单，系统无须经过特殊处理，缺点是成本高。

（2）会员分级、分群。在运营会员时必须根据客户的重要程度进行重点维护。在实际的业务运营中分级、分群就是用户区隔化。针对不同群体或属性的会员制定精准营销策略，比如对于上班族和学生，企业采取的营销策略和激活手段是不同的。

（3）掌握积分临界点。在普通会员和积分账户中有一个关键数字，一旦会员积分超过这个数字，积分就会频繁浮动，会员活跃度就会明显提高。这个关键数字为积分临界点。例如，当会员的积分在1 000分以下时，会员通常不太热衷于进行积分兑换，到达临界点后会员会开始比较频繁地消费，并且进行积分兑换。因此积分临界点是被用来区分会员是否容易被激活的一个重要标志。

不同行业的积分临界点数值也会不同。例如，一般便利店的积分临界点为1 200分（价值12元）左右，快餐行业的积分临界点在1 500分（价值15元）左右。

（4）对特定群体采取特殊的促销活动。激活会员的最佳模式是对特定群体有针对性地开展促销活动，让特定群体活跃起来。特定群体是指已经接近临界点的会员，假设行业积分临近点是1 200分，那么应该优先激活积分在800~1 100分的会员，而不是激活低于800分的会员。将积分临界点作为会员分级的标准后，零售企业还要再分群激活会员，针对不同群体的会员，企业应当采取不同的促销方式。

三、付费会员体系

付费会员体系的构建

付费会员、非付费会员及消耗性虚拟币/积分都是商家常用的广义会员形式。所谓付费会员，是指用户需要通过付费来购买会员身份的一种会员体系，即用户必须先付费获得某个平台上某个时间段内的特殊会员身份，才可以享受该平台提供的权益、领取特定服务甚至购物的权利。用户通过付费，获得商家提供的多类型、高收益的专属权益，获得更优质的差异化服务，零售企业也愿意为该部分用户提供让利，为其提供更加专业和极致的服务，从而在彼此之间建立高度黏性的连接。这种会员模式门槛较高，主要针对一部分黏性高、要求高、复购高，且有一定消费力的用户。会员制的最终目标为筛选并留住高价值用户，从而挖掘用户的终身价值。

（一）设计付费会员体系的原则

付费会员体系的核心是满足付费会员的需求，增强会员对零售企业的黏性，零售企业借此开展精细化运营，为盈利寻找新增量。因此，在设计付费会员体系时，需遵循以下三

个原则:

1. 以服务会员为核心经营会员

会员服务是对零售企业会员基本资料、消费、积分、储值、促销和优惠政策通过信息管理,达到商家和会员随时保持良好的联系,从而让会员重复消费,提高会员忠诚度,以实现业绩增长的目的。从本质上来说,付费会员模式就是服务会员、经营会员。零售企业所有的经营活动,只有以此为指导,其会员运营才能获得成功。

2. 提供超出会员费的价值体验

只有为会员提供超出会费的价值体验,他们才有可能愿意为会员资格买单,才会毫不犹豫地下单。对于经常购物的会员来说,会员费用很快就能抹平,交易越大,带来的价值也越大,其会员价值发挥的效用就越大,办理会员卡时所花费的成本就越小,因此在付费会员模式下能够产生报复性购物行为,无形中刺激会员多次购买。

3. 会员权益需要迭代升级

当下人们更加追求生活品质,在消费过程中,价格因素已经不再是人们关注的重点,服务及购物体验已经成为越来越多的人关注的焦点,多元消费、尊享服务及个性化服务成为消费行为中的新趋势。因此要想让付费会员机制对会员保持持续的吸引力,就需要不断地对会员权益进行优化,通过不断迭代升级的服务为会员制造新鲜感,从而提高会员的留存率。

首先,零售企业要以自身业务发展需求为基础,综合考虑付费会员的发展情况,为会员设置不同的权益,以满足当前环境下会员的个性化需求,其次,通过开展消费者需求调研,适当调整权益设置。付费会员模式的本质是以消费者为中心,零售企业可以鼓励消费者对会员体系作出评价,并让他们发表对会员权益的意见和建议,零售企业对这些意见和建议进行分析和研究,对于一些有价值的意见和建议要予以采纳,以此对会员权益进行合理的调整和升级,让会员权益更加符合消费者的需求,进而提高会员的留存率。

(二)设计付费会员体系的要素

设计付费会员体系,需要充分考虑吸引消费者开卡、开卡后续消费,彰显会员服务等需求,主要包括付费会员费的制定、开卡后立即无条件取得的权益或商品、为消费者节省的成本、付费会员专享的权益等要素。

1. 付费会员费的制定

按照不同行业特性,会员费金额不宜太高,也不宜太低。如果金额太低,消费者就不会意识到会员卡的价值,也不会珍惜;如果金额太高,消费者会觉得太贵,不划算。付费会员的会员费为会员年消费额的 10%~20% 最恰当。

2. 开卡后立即无条件取得的权益或商品

成为付费会员后可以立即无条件获得的权益或商品,称为赠品,通常为企业的商品。赠送商品最佳价值定位是消费者花费金额的 1.5~2.5 倍。企业选择赠品时需要考虑两个条件:一是消费者感知价值高,成本低;二是赠送的产品应该是企业主要售卖且可持续使用的，因为这类商品通常是吸引消费者养成消费习惯的开始。

3. 为消费者节省的成本

成为付费会员后，为消费者节省金额至少要达到消费者花费金额的5倍。例如给予会员双倍积分奖励，一年可以累积不少积分，或者每周或每月组织一次付费会员日的特定活动，把积分的返利加大，这样既有助于开展有针对性的专属活动，又有大量积分可以用来消费，消费越多省得越多，会员自然会重复进行消费。

4. 付费会员专享的权益

付费会员是企业所有用户中的核心用户。即，付费会员是企业的超级用户。付费会员的作用是做超级用户筛选。通过付费的形式将普通用户和超级用户区分出来，进一步划分潜在的超级用户和现有的超级用户，从而匹配差异化的权益，满足不同层次的用户需求，提升用户体验。付费会员是企业服务的开始，而不是结束。零售企业在服务用户时需要注意避开一个误区：当用户购买付费会员，是表达与企业发展长期关系的意愿，此时企业需要以热情的态度去回馈会员的信任，而不是将发展会员当作一个业绩任务，完成任务后就冷眼相待。这是对付费会员的误解，也是对用户资产的极大无视和资源浪费。

付费会员权益有两大类，分别是硬性权益和软性权益，如图2-1所示。硬性权益着重满足用户需求，软性权益则以加强用户关系为核心。硬性权益常以打折优惠为主，物质礼品为辅，建立自营品牌、新品使用、为会员定制开发与市场差异化的高品质系列商品等，满足用户对商品的需求，实现基础的业务往来。而在软性权益设计层面存在较大的差异性。健康业的软性权益有提供会员专项课程，享受独家私教细致讲解，也有提供个性化方案，专业营养师分析三餐饮食；零售业有免运费特权、优先配送特权及金牌经理服务权益；美妆业权益有可享受线下门店无限次免费皮肤检测体验等。在去销售化的服务中，提升用户信任感，加强用户关系。

付费会员权益组成：硬性权益+软性权益

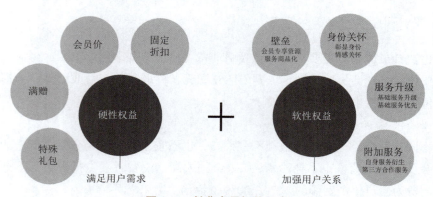

图2-1　付费会员权益组成

【见多识广】

付费制度作为会员体系中的基础，需要设置付费门槛以完成用户区隔，付费会员是企业的超级用户。用户为会员身份来付费，这是用户关系的一个里程碑。用户一旦成为付费会员，不论额度的高低，出于规避损失的心理，会自发驱动复购等与企业产生连接的行为，从用户内驱的角度主动延长用户生命周期，无形中实现用户自我留存。用户成为付费会员，是用户与企业建立长期关系的显著标志。

（三）实施付费会员模式的策略

搭建成功的付费会员体系，在遵从付费会员设计原则的前提下，还必须采取有效的实施手段，才能保证付费会员模式顺利实施。

1. 获取有效消费者

吸引消费者购买会员资格是实施付费会员模式的第一步。首先，在促销常态化的当下，消费者的付费心理门槛是比较高的，要想让消费者成为付费会员，就要给消费者足够的理由和动力；其次要想获得更多的会员，既需要让付费会员权益触达更多的消费者，又要让更多的消费者能够看到付费会员可以享受的权益，快速进入会员页面，还需要提高会员留存率，让更多的消费者完成转化。

（1）构建有效的场景触达。有效的场景触达是指要在各类场景下抓住消费者需求的痛点，刺激消费者对付费会员产生兴趣，以引导他们进入付费会员专区。

（2）设计完善的会员售卖机制。会员售卖机制包括会员卡是只设置年卡，还是同时设置年卡、月卡、季卡等多种类型，会员卡的价格是多少，是否设置会员卡促销活动，是否提供免费试用机会等，这些都会对消费者的购买决策产生影响。

一般来说，月卡的价格较低，对于一些会员权益使用频率较低的消费者具有较强的吸引力。季卡、年卡等形式由于需要消费者一次性支付较高的费用，就会拦截一部分对价格比较敏感和低使用预期的消费者。因此，很多零售企业通常会采用"免费试用＋年卡"的形式来售卖付费会员，通过免费试用降低消费者开通会员的心理门槛，然后借助合理的措施引导消费者从试用转化为正式会员。

（3）为消费者制造非买不可的理由。以某零售企业为例，目前其年度会费为288元，主要目标消费者是海淘族。对于喜欢海淘的消费者来说，运费与关税是一笔不小的花费，而成为年度会员后，即可享受单笔订单满200元免邮服务，这就为消费者提供了一个无法拒绝的理由。

（4）降低转换决策成本。消费者开通免费试用到期后，将其转化为正式会员也是非常关键的一个环节。企业可以采取两种策略来帮助消费者降低决策成本：一是为所有新注册的消费者提供会员免费试享。消费者在试享期内可体验到与付费会员完全一样的权益。试享期满后，除非消费者主动提前取消会员，否则零售企业会自动为消费者升级到年度付费会员，并从消费者提供的信用卡或借记卡（储蓄卡）中扣取一年的会员费。二是可以为用户提供季度会员和年度会员两种选项，用户可以随时更改自己的会员套餐。

2. 提高会员留存率

对于付费会员来说，刺激会员续费是除了拉新之外的另一个巨大挑战，两者就好像一个场地的出口和入口，共同决定着会员的数量。为会员提供更好的体验，让会员感觉物超所值，会员自然愿意为会员续费。从本质上来说，付费会员也是一种商品，会员通过支付会员费，购买到会员的身份与权益。因此，从商品交易的角度来说，付费会员的价格是影响会员是否续费的重要因素之一。

零售企业可以通过不定期地推出不同的续费激励活动来刺激会员续费。不定期的多样化的活动，一方面能够有效地避免定期的续费激励变成一种价格歧视，避免出现精打细算的会员只在零售企业搞活动时续费，而忠诚会员却为此缴纳"粗心税"的情况；另一方面，也可以吸引一些对价格敏感的会员续费，降低这部分会员的流失率。此外，通过赠送会员的有效期限，延长会员下次续费的时间，也是一种不错的提高会员留存率的方法。

3. 制造有效的消费者自传播

依靠社交的力量，让消费者对付费会员自发地进行传播是实现会员数量快速增长的性价比最高的一种方式。

素养园地

"好客山东 好品山东"，破壁出圈

作为山东公共区域品牌，"好客山东 好品山东"自推出以来一直备受好评，在全国迅速叫响。

好客是真情，山东人希望人来做客，并且热情周到地服务。"好客山东"就是做好服务质量，从狭义上看指的是旅游等服务业范畴，但从广义上看是大服务的概念，是对服务态度最精练的概括。"好客山东"不仅是一个品牌、一句宣传语，更需要见诸行动。便利的条件、新鲜的空气、便捷的换乘交通、稳定的手机信号、较快的上网速度等，"好客山东"就是要创造便利条件，全方位提升服务质量。

"好品山东"就是"厚道鲁商，好人好品"的代表，代表着山东人诚实守信、勇于创新、开放包容、务实进取的形象。山东历史悠久，物产丰富，人民勤劳朴实，山东品牌众多，如烟台苹果、寿光蔬菜、东阿阿胶、德州扒鸡、章丘大葱、沾化冬枣、龙口粉丝等，都是全国闻名的地理标志产品。这些产品都具有浓厚的山东特色，深受消费者喜爱。山东人对家乡的产品充满了自豪和热爱，认为"好品山东"是山东最好的品牌，是山东人民勤劳智慧的结晶，是山东的一张亮丽名片。

（资料来源：根据山东省人民政府网站相关资料整理）

任务实施

实训任务一：绘制用户体验地图并进行会员体系设计

某水果特许连锁专卖店，经营范围为食品零售，包括预包装食品零售、水果、干果等。该企业通过全产业链管理和严格的品控标准，确保每一颗水果好吃、安全，并实现了水果从种植到销售环节的标准化和可追溯化。目前该企业会员数量约500万，客单价为50元。

绘制用户体验地图是企业设计会员权益的思路之一。将用户为了完成某个目的而经历的过程基于前后过程进行路线绘制，把一连串的用户需求和行为集合在一个时间框架上，结合用户在每个关键时刻的思考和情绪，最终以视觉化的路线图形式展现。企业通过用户体验地图，站在用户视角去设想用户在每个关键环节的场景及痛点，思考可以优化提升用户体验的内容，为企业提供会员权益的设计方向。

完成任务：

1. 为该水果特许连锁专卖店绘制用户体验地图。
2. 为该零售企业进行会员等级体系设计。
3. 为该零售企业进行会员权益设计。

实训任务二：会员激励方案比较

充值从本质上来说为预付款，对零售企业来说，好处非常明显，可以锁定用户未来的多次消费。另外商家可以提前收到款项，改善经营现金流。

A企业和B企业都是文具类零售专卖，为改善企业现金流，A企业针对钻石会员设计了一套激励方案：门店充值1 000元送100元，返现为10个点。B企业的激励方案为：充值1 000元，消费获得10倍积分，消费完1 000元，可获得10 000积分，折算为100元。两家企业实际优惠都为10%。

经过一段时间的运营，A企业会员活跃度和门店营业收入并未有大的改善，B企业的激励方案带来了更高的会员活跃度和更高的复购率。

完成任务：

1. 分析A企业在激励方案中存在哪些问题。
2. B企业的激励方案带给我们什么启示？
3. 为A企业设计合理的会员积分体系。

实训任务三：设计会员活跃度"助推"机制

某零售企业A，目前的会员分为四层级：普卡、银卡、金卡、钻卡。在这四个会员层级中，作为底层的普卡既无任何权益也无任何激励措施。银卡的升级标准为消费500元，按客单价50元来算，会员每周消费1次，2个月左右就可以升级为银卡，4个月可以升级为金卡。

普卡会员作为会员体系中最庞大的圈层，通常都是新会员，他们很可能只是尝试性注册了会员，但信任度和忠诚度尚未完全建立。按照零售企业A目前的会员规则，这部分会员要"自然消费"累计500元，才能升级为银卡，从而获得相应的权益。

但在现实中，从普卡会员到银卡这种高频会员，必然存在着极大的流失率。假如我们按企业有5 000万会员来计算，其中60%为普卡会员（如果考虑到非活跃账户，可能比例更高），即3 000万，如果有一个适当的"助推"机制，将升级银卡的转化率提升5%，150万×500元=7.5亿元，则会带来数亿元销售额的提升。

会员激励策略中，企业要考虑会员体系中有没有会员激励和管理闭环。很多企业认为会员激励就是送积分，让会员可以用积分兑换商品，这种做法低估了会员系统的深度和广度。会员激励应关注的关键因素包括：能否吸引会员立即加入，如何促进回购，如何提高消费频次，如何进行情感维系，能否促进社交。

完成任务：
1. 零售企业 A 在会员体系设计中存在哪些问题？
2. 普卡作为底层数量最庞大的会员，如何为其设计适当的"助推"机制，来提高企业会员活跃度？
3. 为零售企业 A 制定科学的会员激励方案。

实训评价

请扫码下载评价表，进行项目实训评价。

实训综合评价表

自我检测

1. 什么是积分临界点？怎样通过积分临界点提高会员活跃度？
2. 常用的积分生成规则包括哪些？
3. 会员体系的构成要素包括哪些？

习题小测

一、单选题

1. 以打折优惠为主,包括送礼品等活动属于(　　)会员权益。
A. 硬性　　　　　　　　　　B. 软性
C. 专属　　　　　　　　　　D. 高阶

2. (　　)是零售企业所有用户中的核心用户。
A. 等级会员　　　　　　　　B. 钻石会员
C. 付费会员　　　　　　　　D. 白金会员

3. (　　)是对会员活跃度与消费能力的综合衡量,主要用于划分会员等级。
A. 等级阶数　　　　　　　　B. 成长值
C. 会员权益　　　　　　　　D. 会员等级

4. 会员体系的构成要素中,(　　)是会员体系的核心。
A. 会员权益　　　　　　　　B. 会员命名
C. 等级阶数　　　　　　　　D. 成长值算法

5. 付费会员的会员费为会员年消费额的(　　)最恰当。
A. 0~20%　　　　　　　　　B. 10%~20%
C. 20%~30%　　　　　　　　D. 30%~40%

二、多选题

1. 下列(　　)属于付费会员体系设计的原则。
A. 以服务会员为核心经营会员　　B. 金字塔结构
C. 提供超出会员费的价值体验　　D. 会员权益需要迭代升级

2. 设计付费会员体系的要素包括(　　)。
A. 付费会员费的制定　　　　B. 为消费者节省的成本
C. 开卡后的赠品及权益　　　D. 付费会员专享的权益

3. 常用的会积分生成规则包括(　　)。
A. 消费金额换算积分　　　　B. 会员等级积分
C. 额外奖励积分　　　　　　D. 互动活动奖励积分

任务二　会员智慧管理

引导案例

银泰百货发布年度会员服务成绩单

走进银泰百货，迎面就是暖心服务站，热茶、饼干、糖果、口罩和纸巾井井有条地陈列在眼前，供顾客免费取用。这是银泰百货"别具一格"的暖心服务，也是商场会员服务的一个小小缩影。

12月12日银泰百货INTIME365会员日，《银泰百货2022会员服务成绩单》出炉。这份成绩单涵盖了出行、包邮、洗衣、洗车、奢品专送、暖心服务等九项会员服务体验，想去逛街却打不到车？商场不仅能替你打车，还有专车接送。银泰百货这份会员服务成绩单显示，过去一年里，有超过27万人次在逛银泰百货时享受了专车或代客打车服务。银泰百货工作人员可以帮你将买的东西免费快递到家，在这一年里，银泰累计发出1 300万个订单包裹，快递跑过33省、384城，最远的一单跨越了5 100千米。如果你买的是奢侈品，银泰还会用专车直接送达家门口，让你买得优惠、放心更省心。银泰百货在行业内首推的"60天无理由退换货"（服装、鞋靴类商品），以及喵街的免费上门取件服务，让INTIME365会员在银泰百货的购物得到了360度式的保障，数据显示，过去一年，有170多万个喵街订单实现了上门取件服务。不仅如此，去逛银泰百货，能体验洗车、洗衣等贴心服务，还有礼品包装、母婴室服务等各种免费服务。

（资料来源：根据光明网相关资料整理）

【案例启示】

当消费者的需求变得日益多样化，服务和体验的支撑变得尤为重要。会员服务是渗透会员身心的重要途径，"极致的银泰式购物体验"打开了行业服务天花板，将服务细节抠到极致，解决了消费者确定性的痛点问题。未来竞争者会越来越多，但最关键的还是要掌握消费者的心思，做好这些"看不见"的服务才会带来更多会员，更懂消费者才能赢得竞争。

【任务书】

1. 根据零售企业经营现状，制定合理会员章程和会员管理制度维护老会员。

2. 进行客户价值区分，针对新客户、流失的重要客户、一般客户、优质客户，分别制定相应的刺激措施，以实现有效的营销及互动。

3. 分析会员裂变制度的优越性，根据企业的会员转化率和销售增长业绩，评估裂变引流策略的效果并及时调整优化。

【准备工作】

1. 阅读任务书。

2. 搜集相关资料，分析知名零售企业会员运营现状及存在的问题。
3. 结合任务书分析会员体系的难点和常见问题。

学习任务的相关知识点

零售企业数字化转型是大势所趋。以用户为中心是企业数字化转型的核心思维，其底层逻辑是用户关系。随着用户关系的深度化，企业的观念也需要从服务大众上升到优待会员。建立以用户为中心的业务模式，通过全量用户数据源和新兴技术来支撑全渠道业务模式的持续优化、落实用户体验的提升，进行用户生命周期管理，保障零售企业持续、健康地成长。

一、会员开发与维护

（一）新会员开发

在消费者与企业有第一次接触并关注企业微信或安装其App时，无论消费者是否完成第一次交易，零售企业都应把第一次接触定义为获客。传统零售企业的获客仅仅依赖门店的地理位置，近年来，受到互联网的冲击，传统门店的客流量明显下降，大多数门店利润变得微乎其微，甚至成了负数。

数字门店获客的思维模式与传统零售业有非常大的差异。数字门店常见的多渠道获客途径大致分为传统线下营销、数据经营方法、互联网广告三大类型，如表2-1所示。

表2-1 数字门店常见的多渠道获客途径

类型	方法	成本	技术复杂度	扩张性	见效速度	规模
传统线下营销	自然人流	低	低	低	慢	小
	街头地推	中	低	低	快	小
	活动地推	高	高	低	快	中
数据经营方法	会员推荐	低	中	高	快	中
	数据交换	低	中	高	快	大
	数据采集	低	中	中	快	大
	分享传播	低	高	中	慢	中
互联网广告	搜索引擎优化	低	高	低	慢	中
	搜索引擎营销	高	中	低	中	中
	应用商店优化	中	中	低	中	中
	按销售额付费	中	中	低	中	中
	互联网广告	中	中	低	中	低
	内嵌小程序	低	高	中	中	低

1. 传统线下营销

这种方式包含三种获客方法，即自然人流、街头地推和活动地推。自然人流是传统零售企业主要的获客方法，因为地理位置合适，就会有顾客上门。街头地推是指营销人员主动到交通枢纽、商场等人流聚集的地方发传单或者开展地面现场活动，将人流引导到店。例如，互联网兴盛之前，携程网就是通过派遣大量人员在火车站、公交站、机场等地，向候车旅客发名片并提供电话订票、送票服务等吸引客户的。活动地推也是传统零售企业常用的获客方法。最常见的是大型企业举办（或赞助）演唱会及展销会，以此进行大型推广活动；小型企业则可以在社区针对闲暇人员进行集中推广，以特定社区人群为目标群体，输出相应解决方案。

2. 数据经营方法

这类方法具备线上与线下的混合特性，包括以下几种具体措施：

（1）会员推荐（Member Get Member，MGM），也叫裂变营销。

（2）数据交换。企业可以向代理商寻求数据支持，只要企业能定义需要触达的客户群体的画像与标签，代理商就可以直接通过短信进行相应推广。另外，企业也可以开展跨行业合作，使用联合举办营销活动或数据营销的方法进行推广引流。

（3）数据采集。这种方法在移动互联网上非常流行，可以分为 WiFi 与数据探针两种形式，主要通过短信营销，开展招募活动，提升获客效果。

（4）分享传播。这种方法在数字门店环境下经常使用，它抓住了人们有社交需求这一特点，通过移动平台与客户互动。例如，利用 App 发布有趣的营销海报，许多消费者会因为有趣而愿意主动传播营销信息。通过用户之间互相的分享、传播，企业便能获得更多的新客。IP 营销、偶像营销就属于这种类型。

3. 互联网广告

这里简要介绍以下 5 种方法：

（1）搜索引擎优化（Search Engine Optimization，SEO）。SEO 是以百度等平台为主的互联网推广方式，根据搜索引擎的排列规则优化企业的页面内容，进而提高企业网站的加权分与搜索排名。

（2）搜索引擎营销（Search Engine Marketing，SEM）。如果觉得 SEO 见效太慢，希望更快地获得结果、产生销售，企业可以设定关键字的投放，付费提升搜索排名。这样，消费者搜索时就可以优先看到企业信息。不过，这种投放方式成本相对较高，对关键字的管理也会耗费一定精力。

（3）应用商店优化（App Store Optimization，ASO）。这种广告是在 App 出现之后才兴起的，消费者在寻找特定应用时会使用各手机品牌的应用市场，企业需要在应用市场中定义许多行业或产品的关键词。

（4）按销售额付费（Cost Per Sales，CPS）。互联网广告行业有一种汇集几十万个小网站和小社区的平台，叫作"网盟"。在这个广告平台的后台，零售企业可以选择用户经常浏览的互联网平台，只要选定合适的平台进行合作，让零售企业的广告出现在这类平台上，目标消费者浏览相关产品时就会看到零售企业的广告。

（5）内嵌小程序。零售企业制作IT小挂件或小游戏，然后上传到视频网站或其他类似网站，让消费者点击播放，帮助企业进行推广。

零售企业可以交叉使用上述营销方法。"获客营销"是一个非常系统的工程，仅知道在哪里可以投放广告还不够，更要关注整个流程管理，这样才能使企业的投入产出比达到最优。

（二）会员成长与维护

会员成长的目的是驱动老带新。通过积分运营的方式引导用户行为，提升用户黏性，强化对高价值用户的资源倾斜，尤其是服务升级，增强用户与企业的依存型关系，带动用户关系深度化。当用户呈现出对企业的强信任，企业借助"人际信任＝商业信任"的信任等式，培养用户的分享习惯，依托用户原有的社交圈传播品牌口碑。用户为企业代言，用户的角色从消费者转变为销售者，成为"自零售人"，为零售企业源源不断地注入新的生命力。

如何激活
会员积分

1. 积分运营

积分运营是会员成长的关键，企业运营积分需要注意用户价值与业务价值的平衡，既要能够吸引用户使用积分，也要能够完成业务的落地，避免企业资源的过度损耗。

积分是刺激会员成长的工具，通过调整积分制度引导用户行为。而调控用户使用积分的关键在于用户对积分的感知度，也可以说是积分对用户的吸引力。企业对符合经济利益的用户行为给予回报，可以有效刺激用户的积极性，包括激励用户点评、调动用户复购，还可以根据会员等级设置加倍使用积分规则，加速积分流转，等等。对企业来说，通过积分运营可以提升用户的活跃和留存，培养忠诚度，进而延长用户生命周期。用户使用积分，不止加深用户对企业的记忆，也会产生对企业的归属感。企业通过积分黏住用户，维护用户关系，引导低价值用户成长为高价值用户。

2. 会员服务

服务作为渗透用户身心的重要途径，精细化的用户运营是数字化转型的关键一步。会员分级对应的是员工分级。对于高价值的用户，企业需要为其匹配高职业素养的员工和高价值的服务，享受专属会员待遇，提升服务体验。

精细化运营的终极状态是一对一服务。One to One Marketing，即一对一营销，是用户关系管理的重要战略之一。随着消费者主权崛起，用户渴望个性化的服务。对企业而言，如果成本允许的话，也希望给每个用户提供一对一的营销和服务。但在条件受限的情况下，企业只能把有限的资源倾斜给具备更高价值的用户。比如金牌服务官一对一一站式服务，为会员"跑腿"，给会员找人，替会员跟进进度，帮助会员解决问题，为会员节约时间，提升用户满意度。

一对一服务的底层逻辑是用户与企业之间的依存型关系,需要用户与企业的双向连接,是用户与企业的双向依赖。企业鼓励用户发声,将需求传达给企业,企业要记住并提供符合需求的商品或服务给用户,以此保留与用户的业务往来关系,促进用户持续消费,成为企业长期股东。企业希望更懂用户,用户也更愿意与一家懂他的企业保持长期的信任关系。节省用户的转换成本,这是用户自发成长的重要因素。

3. 维护用户关系提高会员黏性

在会员成长的过程中,伴随的是用户关系的深入。用户关系由浅入深分别为无关系、微关系、弱关系、强关系和超强关系。企业以自身的过往交易数据为参考,利用 RFM 模型实现用户关系可视化。RFM 三个字母可分别代表三个关键指标。R 代表会员最近一次的消费时间,从另外一个角度来解释,R 也是会员是否流失的指标。例如如果最近一次消费时间就在昨天,表示该会员还活跃着。相反,如果最近一次消费时间是一年前,这种情况就很清楚地表示该会员流失了。F 代表会员在上一个消费周期的消费次数。例如,用一个月作为一个消费衡量周期,那么 F 就是上个月的消费次数。F 不一定以月为周期,也有可能以周、季度或年为周期,周期长短完全取决于行业属性。M 代表平均客单价,也就是会员客单价。

RFM 模型
实现用户
关系可视化

设置 RFM 各项的区隔标准,列出各种组合情况,再根据用户关系维度对用户分类,进一步结合颜色灯,能够直观地展示用户关系的演变情况。依赖于 RFM 模型,实现科学计算用户关系并对其分类,不再是凭个人的主观意识或情感判定每一位用户对企业的信任程度。进一步借助颜色灯,实现用户关系可视化,验证会员成长结果,如图 2-2 所示。

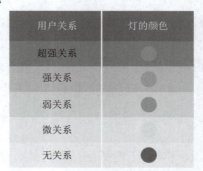
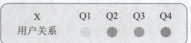
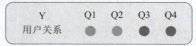

图 2-2 以 RFM 模型实现用户关系可视化

依据 RFM 模型实现用户关系可视化的另一个作用是预警前置化。用户的流失不是一夜之间发生的,往往前期就存在征兆。基于用户关系的颜色灯变化,在用户关系呈现下降趋势的早期就进行预警,及时进行关系维护,降低企业挽回流失用户的额外支出。

4. 会员裂变

会员推荐,顾名思义就是通过既有会员的推荐而产生新增会员,其关键是让会员通过社交媒体将优惠福利分享给朋友,满足消费者之间联系感情的目的,它通常又被称作会员裂变。会员裂变是一种通过现有会员的口碑传播和分享，迅速吸引新用户的策略。它利用用户间的信任关系和社交网络，将现有用户转化为品牌的忠实支持者和传播者。会员裂变的核心思想是让现有用户成为品牌的推广者，通过他们的分享和推荐，扩大品牌的知名度和影响力。

（1）会员裂变的作用。高效的会员裂变能够帮助零售企业获得持续的增长和竞争优势。通过用户的口碑传播和分享，零售企业可以以更低的成本吸引大量新用户，提高品牌的知名度和影响力，增加销售额和市场份额。

（2）实施会员裂变策略。零售企业需要明确会员裂变策略的目标和定位，并根据实际情况制订相应的实施计划。同时，要保持持续的创新和优化，以适应不断变化的市场和用户需求，确保裂变会员裂变策略的长期有效性。

首先，企业需要提供优质的产品或服务，让用户愿意成为品牌的忠实支持者。满足用户的需求和期望，提供独特的价值，让他们对品牌产生信任和认同。其次，企业需要积极鼓励用户分享和推荐。可以提供一些激励措施，如推荐优惠、积分奖励或独家福利，让用户有动力主动分享品牌信息。此外，零售企业还可以在社交媒体上提供便捷的分享功能，让用户轻松将自己的购物体验分享给他们的社交圈子。

实施有效的会员裂变策略，零售企业需要注意以下几点：首先，要了解目标用户的特点和偏好。不同的用户群体在社交媒体使用习惯、传播方式和兴趣点上有所差异，因此企业需要根据目标用户的特点来选择适合的社交媒体平台和推广方式。其次，要提供有价值的内容。用户只会分享对他们有帮助或有趣的内容，因此零售企业需要提供有用的信息、独家优惠或引人注目的活动，激发用户的分享欲望。此外，要积极参与和回应用户的分享。当用户在社交媒体上分享关于品牌的内容时，企业应及时回应和参与讨论，增强用户对品牌的互动和参与感。最后，要不断监测和评估裂变引流的效果。企业可以利用数据分析工具来跟踪分享和推荐带来的转化率和销售增长，评估裂变引流策略的效果并及时调整优化。

（3）会员裂变的动机。

第一，体现身份。这是会员裂变最重要的动机之一，特别是其涉及知识领域。在数码产品领域这种现象最常见，很多人愿意花时间看论坛、帮群里的人解答疑惑。这样做并不一定是受经济利益驱动，大多数人就只是为了让别人知道他很懂行或他是某个领域的专家。

第二，分享荣耀与喜悦。例如，Keep 是一个运动健身 App，其中有各种不同难度、训练不同身体部位的运动，如俯卧撑、仰卧起坐等。Keep 基于此设置了多种难易度不同的训练课程，并且允许用户分享自己今天完成的课程、实现的目标。这就是分享荣耀，其核心概念是让用户在完成各种难度的目标后有"喜悦的感觉"，这时候人们就有分享的动机。

第三，分享价值或利益。分享价值或利益是把有价值的内容分享给朋友。例如，打车 App 就常用这种模式，打完车后 App 内就会生成优惠券，用户可以把这些优惠券分享给朋友。知识付费也是如此，用户听完课程，平台会建议用户把这个课程分享给朋友，用户的朋友也可以免费收听这个课程。如果被推荐人听完课程也产生了兴趣，就可能成为一个新的用户。

二、会员运营管理

（一）会员运营管理能力

会员运营的重要性毋庸置疑，但在实际落地过程中往往会陷入一种误区，将会员运营简单地操作成活动运营，会员体系也成了会员权益的各种堆砌。

会员运营管理能力

从广义上来说，会员运营需要结合品牌的商业模式、运营、产品、服务、品牌、体验设计等内容。从落地角度来说，则需要共同构建一个目标，例如会员数、高净值会员、会员活跃度等，并且做好会员运营的三种能力建设。第一是品牌经营能力，第二是触点建设阵地能力，第三是中后台协同支撑能力。品牌经营能力包括会员忠诚度计划、核心会员的深度运维策略、全场景拉新、会员入会机制等；触点建设阵地能力包括公众号、会员中心、私域商城、社群、企业微信等；中后台协同支撑能力包括运营中台、数据中台、组织协同等内容。所以会员运营是企业一项体系化的工程，需要把运营策略、IT工具、高技能人员对齐，才能达到想要的业务结果。

（二）App是会员运营的数字化工具

会员体系的目的是筛选和区隔用户，深挖用户关系，培养超级用户。以用户付费作为起点，经历会员成长全过程，最终达成超级用户形态，会员体系运营需要App这一数字化工具，如图2-3所示。

图2-3 App是会员体系的数字化工具

部分零售企业出于多种原因考虑，将微信App当作付费会员的私域数字化工具。当企业会员只留存于微信小程序或者微信视频号时，企业不仅失去了对用户数据的掌控权，连接用户的行动也存在一定的局限性，服务、权益等行动自然受限，难以维系良好的用户关系。

付费会员的私域数字化工具不是微信 App，而是企业 App。企业 App 是会员体系最佳的用户关系管理工具。会员下载 App，企业才有了可以和用户 24 小时免费连接的能力，可以通过 App 主动向用户进行内容营销，也可以倾听用户的声音。不论企业如何搭建会员体系，付费会员和会员成长的所在地必然是企业 App。会员的分级和权益、积分、服务等，都需要借助企业 App 来实现。借助数字化工具实现企业对忠诚用户的绝对控制权，有效提升忠诚用户对会员体系的感知和体验。

企业 App 是用户关系运营中的关键一环，作为企业和用户沟通的重要纽带，承载着营销和服务用户的使命。企业应当有自己的 App，并引导每一位忠诚用户下载企业 App。企业自己的 App 才是企业的忠诚用户池，也是企业运营会员体系的大本营。

更重要的是，App 是合法合规取得用户数据的重要渠道。通过用户在 App 上的行为轨迹，企业才能更了解用户。用户数据是企业的重要资产，企业要想持续经营用户生命周期，更了解用户，为用户提供更贴心的服务，都离不开这些数据。通过 App 沉淀用户数据，基于数据科学指导企业经营的优化和重构，寻找数据驱动商业的可复制成功方案，以会员体系为参考范本，辐射全用户圈层，让用户经济实现跨量级增长。

素养园地

活法千万种，利他最光荣

有一家特殊的理发店，店主倪老，年高九旬，开店不图挣钱，理一次发只收两块钱，85 岁以上、身有残疾的人可以免费理发。店开了 13 年，理发近 3 万人，不光不赚钱，倪老还坚持为社会捐款数万元。这是一位富翁？不是。倪老的浴缸是用菜场卖鱼的塑料箱改造的，奉献社会的钱都是从节俭生活中抠出来的。老人的精神境界，望之弥高，让人敬佩。高在超越功利上，高在利他助他上，高在坚持不懈上。人活在世，活法有很多种，蝇营狗苟是一种，豁达从容也是一种；与人为善是一种，冷漠自私也是一种。不同的活法，塑造不同的人生，可以肯定的是活法千万种，利他最光荣。

（资料来源：根据《人民日报》相关资料整理）

（三）会员生命周期管理

会员指的是企业的核心用户，会员体系的底层逻辑是用户生命周期管理。用户生命周期以"潜在—引入—成长—成熟—衰退—流失"为完整链路，其中"引入—成长—成熟"是企业发展会员的黄金阶段，如图 2-4 所示。企业搭建会员体系，打出"付费会员 + 会员成长"的组合拳。充分利用数字化工具，对用户分层，以差异化服务策略提升用户体验，维系用户对企业的长期信任关系，延长用户生命周期，实现对超级用户的留存。

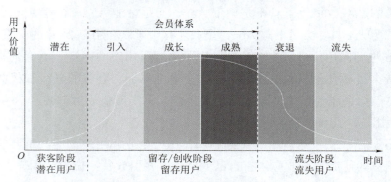

图 2-4 用户生命周期管理

任务实施

实训任务一：制定会员章程和会员管理制度

某连锁美容院在会员制的管理上局限在卖卡消费的营销模式的范畴内，在经营上缺乏新意。企业有金卡、银卡、丽人卡、普通会员卡等，会员买了金卡、银卡之后，除了享受正常的服务优惠，在其他方面并没有什么附加值可提供给会员，会员在将卡内的金额消费完之后，会员流失的比率达 60% 以上。

完成任务：

1. 这种传统的售卡消费会员管理模式局限性体现在哪里？
2. 为企业制定合理会员章程和会员管理制度来维护老会员，留住忠诚用户。
3. 为企业制定合理的运营策略，提升会员留存率。

实训任务二：利用 RFM 模型进行会员价值区分

RFM 三个字母可分别代表三个关键指标。R 代表会员最近一次的消费时间，F 代表会员在上一个消费周期的消费次数，M 代表平均客单价，也是会员客单价。

表 2-2 为某便利店会员 RFM 统计表。"1"表示最差，"2"表示居中，"3"表示最好。F×M 就是会员在一段时间内的消费总额。

表 2-2 某便利店会员 RFM 统计表

会员序号	R	F	M
A	1	1	1
B	1	2	1
C	1	1	2
D	1	2	2

续表

会员序号	R	F	M
E	1	2	3
F	1	3	2
G	2	1	1
H	2	2	1
I	2	2	2
J	2	2	3
K	3	1	2
L	3	2	2
M	3	2	3
N	3	3	2

完成任务：

1. 分析表格中数据，利用 R、F 和 M 指标，找出最重要客户、有流失迹象的客户并说明原因。

2. 在表中找出新客户、流失的重要客户、一般客户、优质客户，并在表中用长方框标出。

3. 对于新客户、流失的重要客户、一般客户、优质客户，分别制定相应的刺激措施实现有效的营销及互动。

实训任务三：评估会员裂变策略

某零售企业会员运营机制为投资 3 960 元可以获得两套产品，额外再送一套。实际上 3 960 元获得了三套产品，这样就成为会员。成为会员之后，后期的复购价格是五折进行复购，也就是 990 元一套。这是成为会员的第一个机制，自用省钱。此外，成为会员之后还可以推荐新的会员，享受三个权益：

权益一：如果成功推荐一个会员，将会获得 10% 的返利。

权益二：成功推荐第二个会员可以获得 20% 的返利。

权益三：当推荐成功第三个会员的时候，就会获得 70% 的返利。

当老会员推荐了三个新会员之后，就可以升级为星级合伙人。升为星级合伙人之后，就会获得团队新增业绩的 3% 作为团队业绩奖励。

经过会员超级裂变后，该企业在短暂的 3 个月回款超过了 5 000 万元，会员转化率提升 35%。

完成任务：

1. 这套会员裂变制度的优越性体现在哪里？
2. 该企业运用了哪些会员裂变策略？

3. 根据会员的转化率和销售增长,评估该裂变引流策略的效果,并提出优化建议。

实训评价

请扫码下载评价表,进行项目实训评价。

实训综合
评价表

自我检测

1. 新会员开发的获客途径有哪些?
2. 以为用户中心的业务模式,零售企业应该如何开发新会员?
3. 会员成长的目的是驱动老带新,零售企业采取哪些策略应促进会员成长?
4. 会员裂变策略有哪些?

习题小测

一、单选题

1. 根据搜索引擎的排列规则优化企业的页面内容，进而提高企业网站的加权分与搜索排名，这种推广方式称为（　　）。
   A. 搜索引擎营销（SEM）　　　　B. 按销售额付费（CPS）
   C. 应用商店优化（ASO）　　　　D. 搜索引擎优化（SEO）

2. 零售企业会员忠诚度计划、核心会员的深度运维策略、会员入会机制等能力属于企业的（　　）。
   A. 品牌经营能力　　　　　　　　B. 中后台协同支撑能力
   C. 触点建设阵地能力　　　　　　D. 会员开发能力

3. 以下（　　）方面不是会员裂变的动机。
   A. 体现身份　　　　　　　　　　B. 分享荣耀与喜悦
   C. 分享价值或利益　　　　　　　D. 放大产品价值

4. RFM 模型中，三个字母分别代表三个关键指标，其中 R 代表（　　）。
   A. 会员最近一次的消费时间　　　B. 客单价
   C. 上一个消费周期的消费次数　　D. 来客数

5. 会员生命周期管理中（　　）是零售企业发展会员的黄金阶段。
   A. 潜在—引入—成长　　　　　　B. 引入—成长—成熟
   C. 潜在—引入—成熟　　　　　　D. 成长—成熟—衰退

二、多选题

1. 以下策略中（　　）属于会员的成长与维护。
   A. 积分运营　　　　　　　　　　B. 会员服务
   C. 维护用户关系　　　　　　　　D. 会员裂变

2. 下列关于说法正确的是（　　）。
   A. 企业 App 是会员运营的数字化工具，用来筛选和区隔用户
   B. 企业 App 用于深挖用户关系
   C. 企业 App 可以培养超级用户
   D. 合法合规取得用户数据的重要工具是微信 App

3. 关于会员裂变策略，下列说法正确的是（　　）。
   A. 了解目标客户的特点和偏好
   B. 要提供有价值的内容
   C. 积极参与和回应客户的分享
   D. 可以利用数据分析工具评估裂变引流效果

"畅吃卡"，消费者愿意买单吗？

项目三

商品数字化管理

 学习任务

商品是连接零售企业与消费者的纽带,在新零售模式中,商品依然是整个零售行业最重要的支撑因素,没有优质的商品,就谈不上服务和体验。选择、管理新商品是实现向新零售转化的首要任务,也是最根本的体现。因此,零售企业既要根据消费者需求的变化在商品上进行创新,又要打造出消费者喜爱的商品,构建合理的品类体系,顺应时代的变化,不断赋予商品引领力。

 **教学目标**

【能力目标】

1. 能够根据零售企业需求进行精准化的商品选择;

2.能够对品类角色进行定位并对品类的现状进行评估,同时根据评估结果制定品类发展目标;

3.能够制定品类策略并将策略向战术转化;

4.能够对连锁企业品类管理实施和回顾提出建议;

5.能够根据消费者需求的变化进行商品创新。

【知识目标】

1.掌握产品选择的原则;

2.掌握产品选择的方法与技巧;

3.理解品类管理的概念和流程;

4.熟悉品类评估的各项评分指标;

5.掌握商品创新的思维方法。

【素养目标】

1.通过该章节内容的学习,学生应该逐步锻炼团队协作能力、沟通协调能力、灵活变通能力等,培养数据分析思维。

2.培养学生的创新意识和创新能力,引导其"精神成人",培养造就一大批具有国际水平的青年人才和高水平创新团队。

思维导图

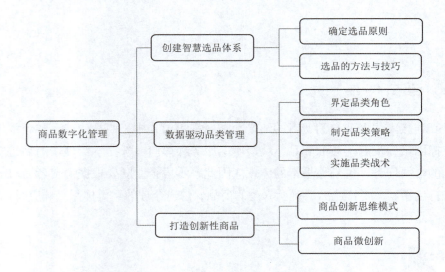

任务一　创建智慧选品体系

引导案例

数字化赋能规范选品　智慧真选品质好物

随着科技进步，智慧化生活成了国民新刚需，越来越多的消费者从纠结买什么，开始变成买便捷、买省心、买智能、买美好。对于零售企业来说，如何快速有效地匹配出消费者称心如意的智创产品，就需要好好下一番功夫了。

某零售企业智慧选品平台从消费者的切身实际出发，通过大数据手段建立商品池，推出"真选商品"频道。频道内真选商品均通过了以"数据维度""溯源维度""产地维度""体验纬度"四大核心选品标准。创新的量化选品全流程，确保真选商品的品质控制。如公司专业买手深入江西、山东、吉林、陕西等地，从四大维度出发，真选了正宗赣南安远的脐橙、山东乳山生蚝、吉林大米等一手货源，新鲜品质，吃出极致品质感。这些真选好物也因高品质低价格，成为消费者可以闭眼买的爆品。同时该企业独创了八重"真选"逻辑，依托平台大数据积累，经过全网初选、品牌二选、销售三选、口碑四选、比价五选、定价六选、补贴七选、服务八选，这八重真选标准，层层筛选，为消费者提供多品类智创好物。

依托"真选"模式，公司的数字化选品能力逐渐增强，这也确保了更多低价优质的智慧生活好物。消费者既可以通过该零售企业 App 购买，也可以通过公司线下门店购买，满足了消费者的多元需求。

（资料来源：根据人民网相关资料整理）

【案例启示】

在用户为王的时代，该零售企业将消费者、生产厂商紧密联系在一起，通过精准定位的供需模式有效提升供应链效率，为消费者提供更优质的商品。消费升级之下零售逻辑已经发生改变，零售企业必须通过数字化赋能真选好物，助力产业链商家优化供应链，提升供需信息撮合效率，构建全渠道全场景服务生态。

【任务书】

1. 撰写零售企业商品结构的市场调研分析报告。
2. 遵循选品原则，对企业经营商品进行选择、定位。

【准备工作】

1. 阅读任务书。
2. 通过实地调研、案头分析等方法，分析零售企业周边消费者特点。
3. 结合任务书撰写零售企业商品结构的调研分析报告。

学习任务的相关知识点

无论是线上还是线下，零售企业在选择商品的时候一定要经过数据分析和数据比对，遵循选品原则，结合市场和行业形势进行分析，选择那些真正有市场、有前景的商品，企业才能从众多竞争对手中脱颖而出。

一、确定选品原则

智慧零售环境下，商品的传播方式、消费者的购物习惯、对服务体验的要求都发生了较大程度的变化。在众多选择面前，在点击手机就能完成购物的当下，消费者对零售商家的要求也达到了前所未有的高度。而相比以往，零售企业更需要在任何渠道、任何市场中以个性化、针对性的商品取悦、满足消费者的需求。

（一）选品需要了解消费者需求

商家在进行选品时，首先需要了解消费者的需求。只有了解消费者的需求，才能选出符合顾客需求的商品。商家可以通过市场调研、消费者反馈等方式了解消费者需求，以此为基础进行选品。

（二）选择有卖点的商品

新款、神奇、优质和独特的功能性是商品的核心卖点，要精准地找到并突出商品的核心卖点，因为与众不同才能有更好的销量。

（三）保持商品的多样性

商家在进行选品时，需要保持商品的多样性。多样的商品能够满足不同消费者的需求，提高商品的销售量。商家可以通过选择不同品牌、不同类型、不同价格的商品来保持商品的多样性。

（四）选择有质量保障的商品

品质是商家选品的核心，品质优先原则是商家选品的重要原则之一，在进行商品选择时，必须要注重商品的品质，只有品质过硬的商品才能够赢得消费者的信任和好评。因此，在进行选品时，必须要注重商品的品质，选择有品牌保障、质量可靠的商品，以此来提高消费者的购买体验和满意度。

（五）选择性价比高的商品

价格合理是商家选品的重要原则之一。在进行选品时，必须要注重商品的价格，选择价格合理、性价比高的商品，以此来提高消费者的购买意愿和满意度。同时，价格合理也可以帮助零售企业在同行竞争中占据优势地位，提高市场占有率。

【见多识广】

产品的"卖点"也是商品的竞争点，是与其他同类商品相比所具有的独特优势和特点。"卖点"的来源主要有两个方面：一方面是产品的设计人员根据消费者的需求设计出来的优势和特点；另一方面是通过营销策划人员的想象力、创造力赋予商品的优势和特点。"卖点"不论从何而来，只要能在营销的战略战术中化为消费者能够接受、认同的利益和效用，就能达到商品畅销、建立品牌的目的。

二、选品的方法与技巧

（一）明确业态类型

零售业态是指零售企业为了满足不同的消费需求进行相应的要素组合而形成的不同经营形态。通俗地讲，业态就是指零售店卖给谁、卖什么和如何卖的具体经营形式，主要包括百货店、超级市场、大型综合超市、便利店、专业市场（主题商城）、专卖店、购物中心和仓储式商场等形式。

选品的原则、技巧与方法

业态的不同，其实质就是店铺内商品构成的不同。例如，对于超市来说，生鲜食品类商品是其主力商品，在所有商品中所占的比例通常会在50%以上；而对于便利店来说，追求的是便捷，食品类以速食和饮料为主，生鲜食品则较少。因此，业态确定了商品定位和商品构成。

（二）选品的方法与技巧

选品，顾名思义，就是指在众多商品中进行筛选和选择。对于商家来说，选品是非常重要的一个环节，它直接关系到销售额的高低，因此，做好选品工作显得尤为重要。那么，选品的方法和技巧有哪些呢？

1. 市场调研法

市场调研是新零售选品的重要一环，通过对市场的调研，了解消费者的需求和偏好，从而选择适合的商品。市场调研可以通过多种渠道进行，如调查问卷、访谈、社交媒体等。通过分析市场调研的结果可以判断哪些商品有潜力销售，并据此进行选品。

2. 数据分析法

数据分析是新零售选品的重要工具，通过分析历史销售数据、用户行为数据等，可以发现一些隐藏的规律和趋势。通过数据分析，可以了解哪些商品受欢迎，哪些商品有销售潜力。直播选品常用的选品工具有灰豚数据、快选品、蝉妈妈等。同时，还可以通过数据分析来优化选品策略，例如确定价格区间、选择合适的销售渠道。

【小任务】

查找资料，了解常用的选品工具有哪些，其功能主要包括哪些。

3. 竞品分析法

竞品分析是新零售选品的重要手段之一，通过对竞争对手的商品进行分析，可以了解市场上的同类商品情况。竞品分析可以从多个方面进行，如价格、品质、包装、服务等。通过竞品分析，可以了解竞争对手的优势和劣势，从而选择合适的商品进行销售。

4. 供应链合作法

新零售平台通常与供应商建立合作关系，通过与供应商合作，可以获得更多的商品资源。供应链合作可以通过多种方式进行，例如与厂家直接合作、与批发商合作、与代理商合作等。通过供应链合作可以获得更好的价格和供货周期，从而提高线上运营的竞争力。

5. 用户反馈法

用户反馈是新零售选品的重要依据之一，通过收集用户的评价和反馈可以了解用户对商品的满意度和需求。用户反馈可以通过多种方式获得，如在线评价、客服咨询等。通过用户反馈，可以及时了解到商品的问题和改进的方向，从而提高选品的准确性。

6. 趋势分析法

趋势分析是新零售选品的重要参考依据之一，通过分析市场的趋势和变化，可以预测哪些商品将会受到消费者的青睐。趋势分析可以通过多种方式进行，如关注行业动态、了解消费者的新需求等。通过趋势分析，可以及时调整选品策略，抓住市场机会。

【见多识广】

一场好的卖货直播上架的商品一定是经过精心搭配的，会让观众整场看下来感受非常流畅，一般都会有这五种商品类型搭配着来卖，如表3-1所示。

表3-1 某直播平台商品类型

商品类型	商品解释	参考比例
引流商品/竞争商品	知名度高、性价比高、需求很大、刚需商品	10%~20%
主推商品/利润商品	有差异点、性价比不错、需求大、利润还行	50%~60%
形象商品	主推商品的瞄点、价格偏高、突出主推款利润	5%~10%
搭配商品/补充商品	跟进引流商品和利润商品搭配的相关品类商品	10%~20%
福利商品/限量商品	配合主播活动、吸引人气、不赚钱限量福利商品	5%~10%

素养园地

创新不仅凭兴趣，更要有使命感

科技是国家强盛之基，创新是民族进步之魂。创新从何处来？爱因斯坦曾说："兴趣是最好的老师。"在今日之中国，实现中华民族伟大复兴，创新不仅凭兴趣，更需要有强烈的使命感。

屠呦呦百折不挠研发青蒿素，她先是从中医古书中的一段话受到启发，把青蒿作为研究重点。后来，又尝试了多种提取方法。最后，用自己的身体做试验，证明青蒿素是治疗疟疾的有效药。

没有科技报国的使命感和责任感,是不可能取得这项重大创新成果的。实现更多"从0到1"的突破,科研人员必须有矢志报国的爱国奋斗精神,主动围绕"四个面向",特别是面向世界科技前沿和国家重大需求,凝练科学问题,开展科研攻关。创新型人才所必需的最重要特质,不应只是单纯的"兴趣",而应是"使命+兴趣"。

（资料来源：根据光明网相关资料整理所得）

任务实施

实训任务一：确定商品结构

MM公司是一家总部地处东部沿海地区的连锁零售企业,目前旗下有大大小小300多家门店,其中主要是便利店、标准超市、社区店业态,门店主要分布在山东省。小王从进入该公司工作至今已经三年了,从今年开始他被公司从门店营运部门调整到商品管理部门。他目前每天的主要工作是作为助手,协助非食品部经理进行该部门的商品规划、采购和业绩推动。公司规划下一阶段要在某地级市开设一家面积为2 000平方米的社区店,需要商品管理部门研究制定商品结构,小王作为团队的一员参与该项工作。

完成任务：
1. 请采用合适的方法对该店的商品进行选择与定位。
2. 撰写该店商品选择的调研分析报告。
3. 以小组为单位展示作业成果,其他小组和老师进行点评。

实训任务二：社交电商直播选品

线上线下一体化的新零售发展已成必然趋势。某零售企业计划通过某小程序进行线上直播销售,但经营的商品较多,且并不是所有的商品都适合在直播间销售,为了增强直播效果,经理让你从以下10款商品——长粒香米、红肠、黑木耳、大豆油、黄豆酱、杂粮礼盒、蜂蜜、黑糯米、手工挂面、小米中选择5款商品作为本次直播的商品。

完成任务：
请你选用合适的选品工具对商品进行选择。

实训评价

请扫码下载评价表,进行项目实训评价。

实训综合
评价表

自我检测

1. 什么是选品？选品的思路和方向是什么？
2. 一般情况下,选品的原则有哪些？
3. 常用的选品方法有哪些？

习题小测

一、单选题

1. FAB 中的 B 代表（　　）。
 A. 特点　　　　　B. 利益　　　　　C. 作用　　　　　D. 优势
2. 市场调研的方法不包括（　　）。
 A. 调查问卷　　　B. 访谈　　　　　C. 社交媒体　　　D. 案头分析
3. 用户反馈法包括（　　）。
 A. 在线评价　　　B. 访谈　　　　　C. 社交媒体　　　D. 调查问卷
4. 零售业态不包括（　　）。
 A. 百货店　　　　　　　　　　　　B. 超级市场
 C. 大型综合超市　　　　　　　　　D. 抖音
5. 供应链合作的方式不包括（　　）。
 A. 与厂家直接合作　　　　　　　　B. 与批发商合作
 C. 与代理商合作　　　　　　　　　D. 与消费者合作

二、多选题

1. 选择商品的方法有（　　）。
 A. 市场调研法　　　　　　　　　　B. 竞品分析法
 C. 性价比分析法　　　　　　　　　D. 趋势分析法
2. 选择淘宝店商品可以采用的工具有（　　）。
 A. 生意参谋　　　　　　　　　　　B. 关键词词典
 C. 淘数据　　　　　　　　　　　　D. 魔镜市场情报
3. 选择商品要遵循的原则有（　　）。
 A. 消费需求原则　　　　　　　　　B. 性价比原则
 C. 质量优先原则　　　　　　　　　D. 生命周期原则

任务二　数据驱动品类管理

引导案例

健康需求井喷，吹响品类升级号角

　　公民是自己健康的第一责任人，是 2019 年 12 月 28 日表决通过的《中华人民共和国基本医疗卫生与健康促进法》的核心内容之一。近年来，人们的健康观念已逐步改变，人们迫切想要提升自身免疫力，通过食补、保健品等方式增强体质，降低健康风险。对应市场表现来看，2023 年 1 月，滋补保健品类中有助于提高免疫力的蛋白粉、补气类商品同比增长迅猛，辅酶 Q10、牛初乳、灵芝孢子粉等在 1 月同比迎来大幅增长；维矿品类中，维生素 C、多元维生素商品在 1 月份同比快速增长；中成药方面，补益安神助眠品类表现突出；安神助眠的枣仁安神、复方枣仁、柏子养心、脑心舒等商品在 1 月份同比增长明显。

　　健康需求的爆发，吹响了品类升级的号角。健康商品品类升级应该首先改变商品思维，从以商品毛利为导向，转变为以改善顾客健康价值为导向。在健康商品供给非常丰富的今天，最终是商品的价值决定购买。其次，品类组合要注重客群标签和政策趋势，细分人群、洞察健康需求的差异化。此外，商品营销要注重顾客体验和会员服务，构建以顾客为中心的体验场景，从店内延伸到店外，线上与线下联动，实现全方位触达，会员服务要用好"二八法则"，把价值商品与专业服务向能持续高产的顾客倾斜。

（数据来源：根据中国经济网相关资料整理）

【案例启示】

　　在当今竞争激烈的市场环境中，企业要想脱颖而出，必须实施有效的品类升级战略。品类升级，需要精准地定位目标消费者，并找到他们的痛点和需求，创新商品或服务，要围绕商品思维、品类组合、商品营销三个维度做"文章"，以品类升级带动价值营销和服务升级，追求持续性增长。

【任务书】

1. 根据零售企业经营现状，对企业的品类角色进行分析。
2. 运用市场调研分析法，对零售企业的品项进行全品项调研，并学会对品类进行规划设计。
3. 根据零售企业品类角色定位，进行品类规划。

【准备工作】

1. 阅读任务书。
2. 搜集相关资料，分析零售企业的品类角色。
3. 结合任务书对零售企业的商品进行全品项调研分析。

学习任务的相关知识点

一、界定品类角色

（一）品类管理

品类是指在满足消费需求时，消费者认为是可以相互关联或者能够相互替代的一组商品或服务。品类管理是指零售商和供应商将品类视为战略业务单元加以管理和经营的过程，通过聚焦消费者价值的传递来提高经营绩效。

实施品类管理的商店采取的是"拉"式管理方式，而传统商店采取的是"推"式管理方式，二者的区别如表3-2所示。

表3-2 品类管理商店和传统商店的区别

传统商店	品类管理商店
销售采购了的商品	采购要销售的商品
以商品为主	以消费者为主
将商品推进商店	消费者将商品买走
零售商和生产商的谈判	双方互为合作伙伴
以进货数量为依据	以实际销售为依据

1. 品类的定义

在执行品类管理之前，要先以消费者需求为出发点进行品类定义。因此，从品类定义的角度来看，"摒弃商品组织结构表、拥抱生活方式与场景"的新零售口号，实质上只是对品类进行重新定义而已，并不是品类管理的升级或迭代。

品类的定义是指明确品类的范畴、功能和结构，包括子品类、大分类、中分类、小分类等。品类的定义不能与信息系统脱节，在信息系统中需要相应地做维护。另外，品类定义会随消费者需求及购物习惯的变化而改变。

2. 品类管理的流程

品类管理的流程主要包括八个步骤，即品类定义、品类角色、品类评估、品类评分表、品类策略、品类战术、品类计划实施和品类回顾，如图3-1所示。

（二）确定品类角色

品类角色是研究如何对品类进行分工，给予其不同的角色与衡量指标，从而推动商店这个"庞然大物"不断前进的方法。品类角色是品类管理的灵魂。品类角色是零售商根据自身的战略，运用一定的方法和衡量标准决定一个品类在门店所有品类中扮演的角色，品

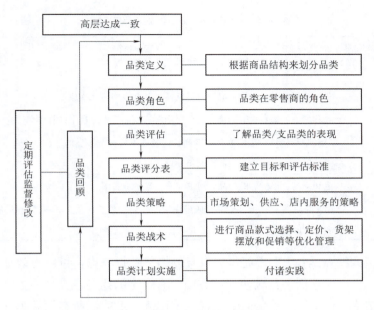

图 3-1 品类管理的流程

类角色决定了零售商整体业务中不同品类的有限顺序和重要性,并决定了品类之间的资源分配。

1. 品类角色定位

在品类角色分配上,最常用的方法有三种:零售商导向的品类角色定位、顾客导向的品类角色定位、跨品类分析的品类角色定位。

确定品类角色

(1) 零售商导向的品类角色定位。零售商导向品类角色定位的方法之一是销售/利润矩阵,是根据品类对零售商销售额和利润率的贡献来确认其角色的一种方法,如图 3-2 所示。

图 3-2 零售商导向的销售/利润矩阵

品类角色矩阵根据零售商的平均毛利率,将毛利率划分为高和低,同时将零售销售额排名中前 50%、30% 和末位 20% 作为标准分为高、中、低三个层次,借此,品类角色被划分为六种类型,其品类角色特点如表 3-3 所示。

表 3-3　销售／利润矩阵品类角色特点

品类角色	表现特征
旗舰品类	销量大、毛利率高的商品
吸引客流品类	对销售额贡献大，但毛利率偏低的商品，起吸引客流作用
提款机品类	毛利率高的销量一般的商品，对吸引客流商品予以毛利上的补偿
受压潜力品类	毛利率与销量一般的商品，受到其他商业形式或者本类商业内的竞争，要求零售商或者巩固地位，或者成为主要的便利供应商
维持观望品类	毛利率高、销量低的商品，可能具有一定的成长潜力
待救伤残品类	销售额和毛利率低，做补充或可淘汰的商品，数量的减少对零售商来说不重要，能提供增加利润的机会

该定位方法的特点是：从零售商过去自身的销售数据考虑，可以有效地列出零售商的全部品类组合，且难度较低，比较快捷、方便，有一定的指导意义。另外，零售商可以直观地得出一个结论：不同角色的品类应该有一个比例，不能让所有的品类都成为吸引客流品类，也不能有太多的待救伤残品类和受压潜力品类。

（2）顾客导向的品类角色定位。关注消费者的需求是品类管理的本质所在，根据经营商品的普及程度和购买频率对品类进行角色定位，是顾客导向的品类角色定位方法。通常利用普及程度和购买频率这两个指标作为矩阵的两个维度衡量品类角色，其中普及程度是指在一年内购买某品类商品的消费者占比，是该商品的覆盖度；购买频率是指某品类每年被购买的平均次数。顾客导向的品类角色定位特点如表 3-4 所示。

表 3-4　顾客导向的品类角色定位特点

品类角色	特点
主要品类	关键的品类，普及程度和购买频率都较高：具有高度的价格敏感性
差异品类	购买频率高，但不具备一定普及程度的商品，是目标顾客的重要商品，价格仍具有敏感性
必备品类	具有高普及程度的商品，尽管购买频率较低，但必须保证随时有货
补充品类	满足部分顾客的需求，是品类的补充，价格敏感性低

（3）跨品类分析的品类角色定位。跨品类分析法本质上也是一种以顾客为导向的品类角色定位方法，是一种被普遍应用的较为全面的划分品类角色的方法。其特点是：对品类定位比较全面，既考虑到了顾客的需求又考虑到了零售商的需求，也不忽略市场发展的需要。根据跨品类分析法，零售商的品类通常被分成四个单元，即目标性品类、常规性品类、季节性及偶然性品类和便利性品类。

①目标性品类。目标性品类就是这样的一种商品，它成为商店的标志性商品，一想到该品类时，顾客首先会与本商店联系到一起，顾客会将这家商店作为首选，甚至愿意花费

更多的时间与精力前去购物。

目标性品类的特点是：零售店在该品类方面具有优势；对目标顾客群而言，零售店是该品类的主要提供者；该品类代表零售店的形象；该品类拥有比其他品类更多的资源。目标性品类基本上占到门店 5%~10% 的品类即可。

②常规性品类。零售店中用来吸引客流、抵御竞争，满足消费者多方面需求并能带来一定利润的品类称为常规性品类。例如，商店中经营日化产品、家居用品等，以满足消费者不同的购物需求，从而为商店奠定利润基础。

常规性品类的特点是：零售店是该品类的普通提供者；该品类是消费者每日需要的重要品类；该品类的提供提高了零售店的整体形象；平衡销售量与毛利等生意指标；该品类的销售及利润占比与其所获得的相关资源比较接近。常规性品类基本可以看作相同业态零售商共有的，向顾客提供与其他竞争对手相同的商品或服务，满足消费者多方面需求的品类，占所有品类的 60%~70%。

③季节性/偶然性品类。季节性/偶然性品类是指那些不经常销售，只是由于季节性的需求而出现在零售店内的品类，却是某个时期零售店的重点经营商品，也是该期零售店利润增长点，零售店中会选择主要位置，投入较多人力物力配合季节性/偶然性品类经营。

季节性/偶然性品类的特点是：该品类在某个时期处于领导地位；该品类帮助加强零售店在目标顾客群心目中的形象；该品类给目标顾客群提供频繁的、有竞争力的价值；该品类在利润、现金流和投资回报率方面处于次要地位。由于季节性/偶然性品类的临时性，它们通常没有固定的位置，多出现在应季的时候，在主通道、端架、堆头或者网篮进行陈列的短期销售。因此季节性/偶然性品类在零售店基本上占所有品类的 10%。

④便利性品类。便利性品类是为了满足购物者一次性购足而增加的品类，在满足顾客需求方面起到锦上添花的作用。对零售店来讲，其数量不多，销售额不高，其主要指标是产生利润。

便利性品类的特点是：满足一站式购物的需求；满足补充性购物需求；提高利润和毛利。便利性品类通常占所有品类的 10%~15%。近几年，随着零售商对顾客了解的增多及对商店产出需求的提高，便利性品类的经营越来越好。

二、制定品类策略

（一）品类评估

品类管理实施之前，需要对商店和品类现状进行评估。品类评估是通过收集全面的数据信息，深入分析零售企业的经营情况，及其与市场、与竞争对手的差距，从而找到其优势与弱势的过程。

品类管理实施后，需要对效果进行评估。评估不能只局限于销售额、利润等财务指标，还需考虑库存、缺货率、单位产出、人力投入等。因为品类管理涉及滞销单品的淘汰、货架的重新分配等，这些操作会在很大程度上优化上述指标。评估还必须有深度，需进行跨门店评估、跨年度评估。因此，品类评估一般涵盖以下几个方面：品类发展趋势、零售商销售表现、市场/竞争对手表现，以及供应商财务、配送能力等，综上所述，所需数据包括品类发展趋势、零售商销售数据、竞争对手相关数据和缺货率、库存天数等。从品类评估的角度来讲，新零售的软件化、在线化、数字化、智能化，为品类管理插上了腾飞的翅膀。

1. 品类发展趋势评估

品类发展趋势着眼于品类的未来。由于零售商的重点在商店层面、部门层面，不可能对品类有很深入的了解，所以其信息多半来自对消费者有深入研究的供应商。品类发展趋势的评估使零售商能够尽早把握消费者的消费趋势，从而占领市场先机。品类发展趋势评估内容如表 3-5 所示。

表 3-5 品类发展趋势评估内容

主要内容	具体评估内容
品类的增长潜力	①品类的市场规模有多大？ ②品类的增长率是多少？ ③相关品类的增长率是多少？
品类的主要推动力	①推动品类增长的全品类，还是其中的分支次品类？ ②品类的增长点是来源于价格增长，还是需求增长？
消费者的消费趋势	①对于目前市场存在的商品，消费者是否感到满意？ ②消费者对该类商品是否存在新的需求？
消费者的购买行为	①消费者何时会来购买该品类的商品？ ②消费者购买该品类商品的频率有多大？ ③消费者每次购买该品类商品的数量是多少？ ④消费者如何购买该品类的商品，是按功能选购，还是按品牌选购？ ⑤消费者购买该品类的商品是否需要查看样品？

2. 零售商销售表现评估

零售商销售表现评估主要是针对零售商自身的销售数据进行的。不同的零售商根据各自的公司战略侧重点来确定评估过程中的主要指标，包括销售额、销售量、利润、库存天数、库存周转、缺货率、投资回报等。零售商销售表现评估内容如表 3-6 所示。

表 3-6 零售商销售表现评估内容

主要内容	具体评估内容
零售商的总体表现	①与过往业绩相比，零售商当前所创造的整体业绩是下降了还是增长了？ ②零售商的业绩是否达到了预期指标？ ③影响零售商销售表现的因素有哪些？

续表

主要内容	具体评估内容
零售商可比店的表现	①与过往业绩相比，零售商可比店的业绩是下降了还是增长了？ ②零售商可比店的业绩是否达到了预期指标？ ③影响零售商可比店销售表现的因素有哪些？
零售商单店的表现	①哪些门店的销售表现好，推动了零售商整体业绩的增长？ ②哪些门店的销售表现差，影响了零售商的整体业绩？ ③影响这些门店销售表现的因素有哪些？

3. 市场/竞争对手表现评估

如果只看零售商自身的表现，他们很可能会沾沾自喜。只有当他们和市场/竞争对手对比后，才知道自己的位置究竟在哪里。一般用的市场数据来自AC尼尔森、TNS等市场调查公司。

市场/竞争对手的评估内容包括：

（1）该品类在市场中与在竞争对手那里的增长率分别是多少？

（2）在该品类中，零售商设置的商品组合、价格带、包装大小与市场/竞争对手所设置的商品组合、价格带、包装大小是否存在差异？

（3）如果某个方面存在差异，例如，设置的品组合不一致，是零售商的商品差异化发展需求所致，还是零售商的目标消费群体不同所致，抑或是该品类发展趋势所致？

（4）推动市场/竞争对手该品类销售下降/增长的因素是什么？

（5）在该品类的发展中，市场/竞争对手在选品、陈列展示、价格促销等方面对零售商来说是否有可借鉴之处？

4. 供应商评估

找出零售商品类的发展机会后，需要有响应的供应商进行配合，以推动品类的发展。那么，哪些供应商能帮助零售商进行该品类的发展，哪些供应商只能作为补充，哪些供应商现阶段不具备该方面的能力，需要我们对供应商进行全面评估。

（1）供应商提供的商品所产生的销售额在零售商总销售额中所占份额。

（2）供应商的商品在市场中所占份额。

（3）供应商的配送能力，如最小订单量、到货时间等。

（4）供应商的执行能力，如推出新品的效率、对零售商开展促销活动的支持能力等。

（二）品类评分表

通过品类角色的分配，设定了不同品类对商店的不同重要性；通过品类评估，找出商店的优势和劣势，并确定了下一步的行动重点和目标。品类评分表就是根据评估结果给出下一步的目标，如表3-7所示。品类评分表提供了一个综合平台，将业务目标和衡量标准明确下来，通过统一的衡量标准反映实际情况与目标之间的差异，使得品类的整体状况一直被衡量和监控，以便随时发现问题，立即制定相关行动方案。

表 3-7 一般通用的品类评分表

衡量标准	去年	今年	目标值	差距	市场平均水平	差距
销售金额						
销售增长						
可比增长						
毛利						
毛利率						
库存周期						
库存天数						
现货率						
送货率						
投资回报率						

【见多识广】

制定目标有一个黄金准则，即 SMART 原则，即 S（Specific）——明确性；M（Measurable）——衡量性；A（Acceptable）——可接受性；R（Realistic）——实际性；T（Timed）——时限性。

（三）品类策略

品类策略是制定相应的策略以满足品类角色的发展需求，使其能够达到品类评估目标的过程。它能帮助零售商实现品类评分表的目标，同时会让零售商实现差异化竞争。如果策略不清晰，门店很容易在经营的过程中迷失自我。常见的品类策略如表 3-8 所示。

表 3-8 常见的品类策略

策略类型	策略	策略说明
市场营销策略	增加客流量	增加购买该品类的人数
	利润贡献	引导消费者购买利润更高的商品
	保持当前所占市场份额	采取各种措施保持并强化该品类在市场中的地位
	消费者教育	通过商品展示、现场促销、媒体宣传等方式开展消费者教育，帮助消费者了解品类的特点、使用方法等，提高消费者对品类的认知度

续表

策略类型	策略	策略说明
市场营销策略	试用/渗透	采取相应措施刺激更多的消费者产生初次购买
	刺激购买	通过制造机遇感、紧迫感、新奇感等来刺激消费者的消费欲望
	提升忠诚度	采取相应措施提升消费者的忠诚度，刺激他们持续多次购买
	提高客单价	提高消费者每次的消费金额
	降低库存成本	采取相应的措施，在保证不会导致缺货的前提下降低库存成本
	增加现金流	提高品类的周转率，汇集现金流
	提高消费量	通过刺激该品类商品额外的/新的使用方法来刺激消费者购买，以提升购买量
	维护形象	在选品、价格、服务、氛围等方面树立并强化零售商的企业形象
商品供应策略	降低成本	优化供应链，以降低运营成本
	提高工作效率	与供应商建立数据化合作模式，实现从预测到订货、送货、结款的快速反应，从而实现零售商、供应商、消费者的共赢
	库存管理	采取相应措施降低库存成本，以加速现金的周转，从而降低经营成本
	做好消费者服务	保证并提高商品的现货率

品类策略是品类管理较为重要的一个环节，做好品类策略，品类管理就成功了一半。一般将品类策略制定分解成4个不同的行动步骤，在每个行动步骤之后，列出关于如何找到和传递这些信息的说明和细节。

品类策略操作流程如图3-3所示。

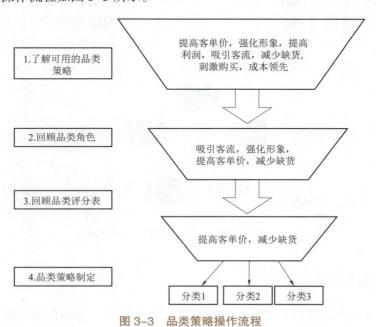

图3-3　品类策略操作流程

三、实施品类战术

品类战术是为实现品类经营策略和目标而采取的行动。品类战术的内容与市场营销的组合策略十分相似,但要更具体更细,更能体现零售业的特点。连锁超市的品类战术包括高效的商品组合、高效的空间管理、高效的商品定价、高效的商品促销、高效的供应链管理。

(一)高效的商品组合

高效的商品组合就是对现有品类进行优化,从零售商的角度看,就是零售商对商品结构进行更新维护的过程,主要包括对滞销商品进行淘汰和引进新品。高效的商品组合的目的是增加商品的多样性,降低商品的重复性。所以在确定销售商品品种时,除了按销量、销售额和利润的综合指数进行选择,还需要考虑商品细分的结构完整性、商品在整个市场的表现、是否是新品等。

(二)高效的空间管理

商品的空间展示或陈列是整个品类管理战术中至关重要的一环,是品类管理在门店层面的落实。空间管理战术决定了品类在门店中所处的位置和商品在品类中所处的位置,同时也可以对门店的空间利用率进行合理的衡量。空间管理包含门店布局管理和货架空间管理。如果说门店布局的管理是空间管理的宏观管理,那么对单个品类的货架空间的管理,则可认为是空间管理的微观研究。

空间管理的工作范围包括店内各层品类陈列位置、关联度、空间资源在各品类的分配、品类陈列原则、空间效率分析等。因此,在制定空间管理战术时需要考虑以下因素,如图3-4所示。

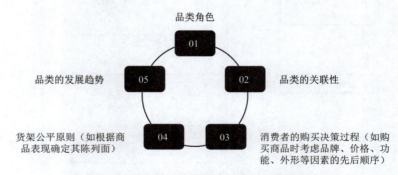

图3-4 制定空间管理战术时需要考虑的因素

(三)高效的商品定价

商品定价战术是指零售商对品类、次品类及单品制定一定的价格标准。零售商的商品在消费者心中所形成的价格形象并不单单是由价格这个数值决定的，而是商品和价格优势、价格透明度和性价比综合作用的结果。零售商需要根据自身发展情况，为商品制定具有竞争力的价格。

品类的角色认定、品类策略，以及零售商对消费者和竞争者行为的认知等因素会对定价决策产生一定的影响。一般来说，商品定价战术包括以下几种：

（1）保持：对商品目前的价格不做任何改变。

（2）降价：降低所有品类的商品或选定的某品类商品的零售价格。

（3）增加：提高所有品类的商品或选定的某品类商品的零售价格。

（4）统一定价/群组定价：所有店铺同类商品的定价相同，或者按照店铺所属区域对商品进行定价。

（四）高效的商品促销

促销是指在商业活动中，商家通过各种方式将商品或服务的有关信息在市场上传播，帮助消费者了解商品，认识商品，使消费者对商品产生兴趣，进而刺激其购买欲望，促使其采取购买行动的系列活动。那么，什么是高效促销呢？高效促销需要具备以下特点：达到促销目标；增加忠诚消费者或购物者；增加销售量；系统成本最低。

在实施商品促销战术的过程中，从促销单品的选择到促销单品的展示方式，都要考虑品类目标消费群体的特征，以及品类的策略等因素。如果想提高店铺的客单价，就不能总选择价值小的商品开展促销活动；如果想吸引中高收入阶层的消费群体购买商品，就不能总选择低档商品开展促销活动。

一般来说，不同品类角色对应的促销策略如表 3-9 所示。

表 3-9　不同品类角色对应的促销策略

品类角色	目标性品类	常规性品类	偶然性/季节性品类	便利性品类
促销频率	高频率	一般频率	按季节、时间需要	较少促销
促销方式	多种方式	多种方式	—	—

（五）高效的供应链管理

供应链管理是一种集成的管理思想和方法，它执行供应链中从供应商到最终用户的物流的计划和控制等职能。对于连锁企业来说，供应链管理可以实现以下目标：增加销售量、降低库存、提高效率、缩短资金回收时间、有效地利用空间、提高利润。

高效的补货是指用最低的成本将正确的商品迅速补充到展示位置，同时保持适量的库存，以满足每家门店的需求变化，从而避免或减少缺货情况的出现，更好地满足消费者的需求，维持较高的客户服务水平。高效的补货是品类管理顺利实施的有效保障，其主要目标是使店内的缺货率和商品库存天数得到有效的控制。

高效的新品引进是零售商维持多样化商品品种组合的方法之一。为了避免出现品种组合混乱的情况，引进新品时需要考虑以下因素，如表3-10所示。

表3-10 引进新品时需要考虑的因素

考虑因素	具体说明
品类角色	根据品类角色合理地引进新品，对于便利性品类来说，只需销售主要品种即可；而对于目标性品类来说，则需要保证其品种的多样性
商品特点	新品的功能、性价比、销售潜力、盈利能力、消费者测试结果等特点是否符合零售商自身的发展需求
市场支持	新品是否有消费者教育、消费者试用活动、媒体宣传、专业协会认可等方面的支持
店内推广活动	是否能够在门店为新品提供使用展示、店内广告、店内促销等支持
供应商	该品牌或相关品牌过往3个月的销售业绩、新品供应商过往3个月的销售业绩、供应商分销新品的能力、供应商对货款付款期的要求等

在品类战术的落地实施过程中，高效的商品组合、高效的空间管理、高效的商品定价、高效的商品促销、高效的供应链管理五个内容缺一不可，任何一部分的缺失都会对品类管理的效果产生不良的影响。同时，这五个内容也会相互影响。例如，商品定价战术会对商品促销的力度和促销的可操作空间产生直接影响，商品促销战术又会对商品在货架的陈列方式产生影响，而补货、新品引进的效率又会制约商品促销战术的实施。

在品类战术的实施过程中，零售商需要根据不同消费群体所在区域、消费心理及消费行为等特征采取不同的品类战术，以更好地吸引目标消费群体。除此之外，在实施过程中发现问题并及时寻找解决问题方案，同时熟悉品类管理的实施过程，从中总结经验，提升解决问题的能力，为后续实施品类管理积累经验。

任务实施

实训任务一：界定品类角色定位

零售商店中所售商品品类千差万别，合理的品类定位会让零售商的店铺管理与营销事半功倍。图3-5是一家零售店铺的品类角色定位。

该零售店铺为新开店。其品类角色定位是根据零售商导向做出的。从图3-5中可以看出，营业旗舰类商品有面包、生鲜，这些品类的利润率高，是该店铺最重要的销售品类。果酱属于待救伤残品类，说明果酱的利润率和销售额都低，是可替换品类，该零售店铺所处地区消费者对果酱的需求不大。表3-11所示为该零售店铺各品类角色对零售商的重要性分析。

项目三 商品数字化管理

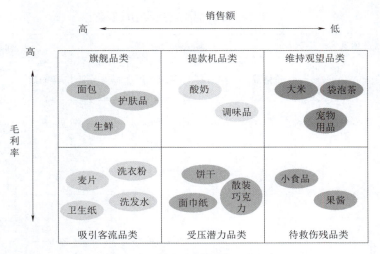

图 3-5 一家零售店铺的品类角色

表 3-11 零售店铺各品类角色对零售商的重要性分析

品类角色	举例
旗舰品类	面包、生鲜、护肤品
吸引客流品类	麦片、洗衣粉、洗发水、卫生纸
提款机品类	酸奶、调味品
受压潜力品类	饼干、面巾纸、散装巧克力
维持观望品类	大米、宠物用品、袋泡茶
待救伤残品类	小食品、果酱

该零售商在之后的销售过程中发现，麦片的销售额非常大，丝毫不亚于被归为旗舰品类的面包、生鲜和护肤品，这和之前对该商圈消费者调查的情况有出入，麦片在该零售店铺的利润贡献巨大。同时零售商又发现饼干的毛利率并没预想的糟糕，在实际销售中由于周围商圈内的竞争对手调整了品类策略，并不将饼干视为重要商品，饼干在该零售店铺的毛利率得以提高，成为吸引客流品类的补充。

（资料来源：https://max.book118.com/html/2022/0501/8110134032004076.shtm）

完成任务：

1. 请分析品类角色定位的意义是什么。
2. 请尝试绘制出转变后的零售店铺品类角色定位图。
3. 以小组为单位展示作业成果，其他小组和老师进行点评。

实训任务二：全品项市场调研

以饮料品类为调研对象，进行如下的全品项市场调研，如表 3-12 所示。

表 3-12　饮料品类全品项市场调研

单品				门店 A			门店 B		
序号	大类	（中）小分类	价格带	单品数	陈列长度	品牌明细	单品数	陈列长度	品牌明细

完成任务：

1. 找两家商圈差异较大的门店，利用表 3-12 做全品项市场调研。

2. 根据调研结果作对比分析，并进一步思考，如果校园超市经营该品项，应该如何做单品配置。

3. 以小组为单位展示作业成果，其他小组和老师进行点评。

实训任务三：界定品类角色，进行品类规划

某书店堪称"区域最美的书店"，旗下很多家门店都成为网红打卡店。该书店营业额屡创新高，是本区域其他品牌书店总营业额的 90%。在实体书店持续衰退的今天，它为何能缔造逆势崛起的神话？在该书店，你看到的不是按类别规则摆放的书籍，而是"一书一世界，一卷一乾坤"的生活方式。比如在意大利食物菜谱的旁边，会售卖书籍中介绍的意面、酱料等食材；挪威旅行书籍的旁边，会摆放挪威的明信片和定制旅行产品，形成该书店独有的"书+X"经营模式。该书店每家门店的定位、设计和功能都不尽相同：在一个以老年人为主的社区，它会根据老年用户的活动需求进行规划设计，处处体现温暖贴心的服务，如营业时间定为早上 7 点，而且不对外宣称，还引入了带宠物医院的宠物店等；在一个孩子较多的地区，它的装修更加明亮，设立儿童活动中心，摆放更多儿童书籍和绘本，让小朋友获得愉悦的体验；如果是年轻人比较多的地方，它会变得更新潮、更有活力，规划成年轻人喜欢的样子。书店在经营书店的同时，还发布了自己的 T-point，即 T 卡积分。T 卡里面除了积分，还有石油公司的积分、航空公司的积分、全家超市的积分，它在每一个行业里选择了一家最可靠的合作伙伴，来跟它们进行积分的打通。

完成任务：

1. 案例中该书店的书籍、食材及旅行产品分别属于哪种品类角色？

2. 从品类规划的角度，该书店之所以能取得成功，最根本的原因是什么？

实训评价

请扫码下载评价表,进行项目实训评价。

实训综合评价表

自我检测

1. 实施品类管理的商店与传统商店具有哪些本质的区别?
2. 简述品类发展趋势评估的关注点。
3. 阐述品类评分表与品类角色之间的关系。

习题小测

一、单选题

1. 下列哪一种品类在品类评估时，对数据的要求最为严格？（　　）
   A. 便利性品类　　B. 季节性品类　　C. 目标性品类　　D. 常规性品类

2. 象限分析法是根据商品在市场和商店的表现来做出商品淘汰和保留的决定，其中需要被特别关注，可能是商店的机会商品是（　　）。
   A. 全面赢家　　B. 全面输家　　C. 市场赢家　　D. 商店赢家

3. 销售量大、利润可观的商品，对企业销售业绩贡献大的品类是（　　）。
   A. 受压潜力品类　　　　　　　　B. 吸引客流品类
   C. 提款机品类　　　　　　　　　D. 旗舰品类

4. （　　）是消费品行业经营中品类管理最基本的能力。
   A. 供给分析　　　　　　　　　　B. 需求分析
   C. 品类分析　　　　　　　　　　D. 零售商分析

5. 针对不同的品类角色，需要选择不同的品类策略，（　　）品类策略适用于常规性品类。
   A. 增加客流量　　　　　　　　　B. 保持市场份额
   C. 强化形象　　　　　　　　　　D. 刺激购买

二、多选题

1. 高效促销需要具备以下哪些特点？（　　）
   A. 达到促销目标　　　　　　　　B. 增加忠诚消费者或购物者
   C. 增加销售量　　　　　　　　　D. 系统成本最低

2. 品类策略需要深入品类内部，一般情况下，（　　）品类策略适用于洗涤用品品类中的普通洗衣粉、超浓缩洗衣粉以及洗涤液。
   A. 增加客流量　　B. 提高客单价　　C. 维护形象　　D. 刺激购买

3. 供应商的执行能力包括（　　）。
   A. 新品效率　　B. 促销效率　　C. 活动筹备　　D. 执行能力

任务三　打造创新性商品

引导案例

创新产品引关注　参展企业订单增加

2023年4月第133届广交会上,不少企业推出了具有创新设计的产品,吸引了许多客商的关注,也为企业增加了订单量。

可以骑的行李箱:这不是一个普通的电动车,而是一款可以骑的行李箱。虽然它像普通的电动车一样有着油门和刹车,但是它有个最主要的功能,那就是装行李。当我们需要代步的时候,它就可以变成一款非常方便的代步车。这一款可以骑的行李箱,在广交会的电子消费品展区受到了非常多客商的欢迎。

机械臂咖啡机:只需要等待短短的三五分钟,一杯咖啡就由机械臂"咖啡师"制作出来,喝起来也是十分香醇可口。

无人驾驶清洗机、人体工学电脑支架、水底清洁机器人……在第133届广交会线下展会,随处可见充满了创意的新产品,在满足产品基本功能的同时,加入新巧思,给大家生活带来新的体验。

（资料来源：根据光明网相关资料整理）

【案例启示】

创新是企业发展的源动力,唯有通过创新企业才能够保持蓬勃生机,在竞争中屹立潮头。广交会上参展企业利用"熟悉的新奇感"完成产品创新,以消费者需求为中心,以微小硬需、微小聚焦、微小迭代的方式寻找打动消费者的需求点。只有将创新DNA融入企业发展的各个环节中,才能在不断突破、蜕变中成长。

【任务书】

1. 结合企业案例,分析零售企业如何以消费者需求为中心进行商品微创新。
2. 数字化背景下,找出企业在创新方面的发力点。
3. 新消费新背景下,零售企业如何打造全新的消费体验?

【准备工作】

1. 阅读任务书。
2. 通过案例分析,明确企业销售产品成功的原因。
3. 结合任务书分析零售企业如何以消费者需求为中心进行商品微创新。

学习任务的相关知识点

商品是企业生存与发展的基石。在当前的市场环境中,商品的生命周期不断缩短,如果企业不能及时根据市场需求对商品进行创新,就很可能会被市场淘汰。因此,在新零售环境下，不断进行商品创新，不断根据消费者反馈迭代商品，不断用创新性商品满足消费者日益变化的需求是企业生存和发展的关键。

一、商品创新思维模式

（一）五种创新思维突破商品创新瓶颈

1. 简约思维

简约思维是将商品某些不必要的功能移除，然后再为其增加新的功能。在初代苹果手机发布之前，手机都是有很多按键的，但是乔布斯从简约思维出发，将手机从键盘按钮模式变成触摸屏模式，让手机外观变得简洁美观，彻底颠覆了人们对手机的认知，改变了手机世界。

如何打造创新性商品

当然，简约并不等于简单，在简约的背后，需要不断打磨、不断测试，需要开发者从复杂的商品功能中提炼出核心的功能，再从商品的核心功能中提炼出必需的功能。简约，往往能够创造奇迹。

2. 分解思维

将现有的商品分解开来，就可以从不同的角度去观察商品的全貌，然后将分解开来的商品的各个部分进行组合，进而形成全新的商品。

3. 复制思维

复制不是简单地将商品现有的部件或功能再多做一份，而是要对复制品进行重要的改动。

4. 改变属性联系思维

在某些情况下，商品的某个属性与环境属性之间存在着某种联系。在进行商品创新时可以为不存在联系的属性创造联系，或者通过改变、消除已经存在的联系来创造新的属性联系。

5. 统合思维

统合思维是指在商品现有组成部分上添加新的元素，让商品的一个部件能够综合两种功能。例如，将计算机的显示器部分和主机部分整合到一起，就形成了一体机。

（二）用"熟悉的新奇感"完成商品创新

"熟悉的新奇感"是指用户了解但没有体验过的感觉。用"熟悉的新奇感"来创新商品，可以参考以下两个方法：

1. 框定富有熟悉感的场景

品牌商和企业首先要框定一个能让目标消费群体产生熟悉感的场景。在框定这个场景时，品牌商和企业需要考虑目标消费群体对这个"场景"熟悉感的强弱程度。

2. 为商品创造新奇感

框定了目标消费群体熟悉的场景后，还需要为商品创造新奇感。品牌商和企业可以参考以下两种方法来为商品创造新奇感：

（1）利用包装为商品创造新奇感。在不改变商品原有功能的基础上，通过改变商品的包装来打造商品的"新奇感"。

（2）更新商品功能。从消费者的爽点、痒点出发，对商品功能进行更新，使商品产生"新奇感"。爽点即时满足。如果一个人的需求没有被满足，他往往会感到难受，会开始寻求得到满足的方法；一旦他得到了即时满足，就会感到舒爽。

（三）以消费者需求为中心，打造创新性商品

零售的本质是一种买卖关系，是买卖就一定会产生交易，而交易的介质就是商品（服务也可以当作一种特殊的无形商品），所以商家一定要为消费者提供让他们愿意买单的商品。商品是零售中最重要的因素，无论是传统零售还是新零售，都不能忘记这个根本，否则就是舍本逐末、背道而驰。

商品总要有能够打动消费者的卖点，包括商品的外形、价格、性能、品质等各个方面。那么，如何才能让商品超出消费者的预期呢？很多成功的案例都是企业在做自营商品时，将商品的某个方面做到极致，如商品的性能、价格、品质等，从而引爆商品的销售。

二、商品微创新

对于中小型零售企业来说，如果没有足够的门店和销量做支持，做自营商品存在很大的风险，但这并不意味着它们只能随波逐流，中小型零售企业可以围绕商品进行微创新，从而深挖价值链。

微创新也必须要以消费者需求为中心，以微小硬需、微小聚焦、微小迭代的方式寻找最能打动消费者的需求点，引发消费者的尖叫，从而引爆消费者的口碑营销。微创新可以体现在商品的包装、摆放上，也可以体现在商品的优惠组合上，还可以体现在商品的微定制上。无论是何种创新，关键是要让消费者直接感知到商品的这种创新。

除此之外，对商品进行微创新，还需要找到消费者的需求点，而寻找消费者需求点最好的方法就是进行数据分析，全方位了解消费者的需求特征。新零售实现了全供应链的数字化，每时每刻都会自动产生并保存相关数据，这也为企业实施数据分析提供了很大的便利。

素养园地

老字号出路在于守正创新

老字号具有很高的经济、文化价值，是弥足珍贵的自主品牌。2023年1月商务部等5部门联合印发了《中华老字号示范创建管理办法》（商流通规发〔2023〕6号），释放出

推动老字号创新发展、促进品牌消费的积极信号。

夯实产品服务质量基础，是老字号焕发新光彩的关键。切实贯彻老字号动态管理机制，则是形成老字号创建发展传承退出规范的关键。面对数字经济浪潮奔涌的新形势，已经成为老字号的企业不能固守旧规矩、老办法，而需要突破传统经营理念，实现老字号版的"周虽旧邦，其命维新"。

当下的老字号，曾经也是"新国潮"。"守正"与"创新"，是众多老字号走到今天的关键"密码"，也是全面贯彻新时代中国特色社会主义思想，用创新把握时代、引领时代的表现。历史长河大浪淘沙，前路既面临挑战也充满机遇，老字号只有守住核心价值，并不断与时俱进，才能续写曾经的辉煌。

（资料来源：中国经济网相关资料整理）

任务实施

实训任务一：商品的微创新

在"涨芝士啦"推出以前，市场上兴起了浓缩酸奶品类，某饮品企业计划跟进推出包括巧克力味、榴莲味、芒果味、芝士味在内的多种口味浓缩酸奶产品。然而，通过市场洞察发现，芝士口味的浓缩酸奶市场接受度较高，尤其受到Z世代的喜爱。同时，市面上芝士类产品品种繁多，不仅是酸奶品类，芝士炒饭、芝士面包、芝士茶和芝士比萨等特别风靡，预示着"芝士"品类是一种趋势。在营养价值方面，10斤鲜奶提炼1斤芝士，芝士的分子较小，容易吸收，钙、氨基酸含量高出鲜奶3~5倍。因此，对于行业本身而言，芝士酸奶可能只是一种口味，但对于消费者而言，芝士酸奶极有可能发展成为一个品类。认知到这个巨大的差异点后，当市场同类竞品纷纷将目光聚焦于炭烧酸奶、希腊酸奶、水果酸奶等产品时，该饮品企业另辟蹊径，开创了芝士酸奶新品类，销售火爆，得到了市场的认可。

完成任务：
1. 案例中的商品取得成功的原因是什么？
2. 该商品作为一种新品类，在哪些方面做了商品的创新？

实训任务二：创新就要敢为天下先

当今企业之间的竞争，不单是产品间的竞争，更是商业模式之间的竞争。商业模式上的创新可以帮助企业引领行业变革，乃至开创新时代。某家具定制企业成立之初，面临客户较少、设计成本较高的局面，这让很多消费者望而却步。该企业把电脑搬进家具店，在业内率先创新性提出免费量尺、免费设计、免费出图的理念，迅速积累了大量用户。

为了更贴近消费者服务消费者，该企业打造新居网O2O家具电商平台。在新居网，消费者可以在线上免费预约量尺、咨询家居方案、查看流行家装风格、获取家居小贴士。借助新居网线上的引流，该企业引导消费者进入线下体验店，体验一站式的家居定制服务，将体验店开到了大型购物中心和写字楼等人流密集场所，又集吃喝玩乐于一身，成为名副其实的"流量中心"和"人气王"。

为了以消费者为导向，深入挖掘消费者需求，该企业成立"生活方式研究中心"，将公司12年来以百万计的家居定制案例、通过问卷调查等收集的资料以及设计方案库中积累的消费者偏好等多方面数据打通融合，来系统还原消费者的真实需求。当别人还在研究产品，该企业已经借助大数据来开始研究人的行为和情感，从家庭角度提供更贴合生活需要和情感需求的家居产品。生活方式系列产品也因为其独创性、与家庭生活相适应而广受消费者欢迎。

完成任务：
1. 该家具定制企业成功的秘诀是什么？
2. 数字化背景下，该企业在哪些方面做了创新？
3. 在增强消费者体验方面，该企业做了哪些尝试？

实训评价

请扫码下载评价表，进行项目实训评价。

实训综合评价表

自我检测

1. 商品创新的思维方法有哪些？
2. 如何以消费者需求为中心进行商品的创新？
3. 如何用"熟悉的新奇感"进行商品的创新？

创新性商品

习题小测

一、单选题

1. 新零售相对于传统零售具有（　　）的特点。
   A. 全渠道、高效率、以销售商为中心
   B. 全渠道、低效率、以消费者为中心
   C. 全渠道、高效率、以消费者为中心
   D. 单渠道、高效率、以消费者为中心

2. 肯德基为了"讨好中国胃"推出了油条、粥、春卷等食品，是运用了（　　）。
   A. 商品微创新　　　　B. 包装创新　　　　C. 产品创新　　　　D. 熟悉感场景

3. 商品微创新的思维不包括（　　）。
   A. 统合思维　　　　B. 分解思维　　　　C. 简约思维　　　　D. 简单思维

4. 将计算机的显示器部分和主机部分整合到一起形成一体机是采用了（　　）。
   A. 统合思维　　　　B. 分解思维　　　　C. 简约思维　　　　D. 简单思维

5. 将手机从键盘按钮模式变成触摸屏模式，让手机外观变得简洁美观，是采用了（　　）。
   A. 统合思维　　　　B. 分解思维　　　　C. 简约思维　　　　D. 简单思维

二、多选题

1. 商品微创新也必须要以消费者需求为中心，包括（　　）方式。
   A. 微小硬需　　　　B. 微小聚焦　　　　C. 微小迭代　　　　D. 产品迭代

2. 商品微创新可以体现在（　　）方面。
   A. 商品包装　　　　B. 商品口味　　　　C. 商品功能　　　　D. 商品摆放

3. 商品卖点体现在（　　）方面。
   A. 外形　　　　　　B. 功能　　　　　　C. 价格　　　　　　D. 品质

项目四

数字化营销与推广

学习任务

数字门店时代,为取得良好的营销效果,越来越多的零售企业开始选择更加精准的新媒体渠道来扩大客户流量,通过私域运营、视频号运营等方式为消费者提供更有价值的消费信息和解决方案。为达到既定效果,零售企业通常会整合多种营销方式,在通过优质内容进行持续价值输出的基础上,还往往通过跨界营销、社群营销等方式来扩大流量,维持客户黏性,提高客户转化和留存率,从而更好地为企业长远发展提供保证。

教学目标

【能力目标】

1. 能够精准选择推广渠道以扩展客户流量;

2. 能够通过私域运营实现客户沉淀和转化；
3. 能够通过视频号运营来引流并达到裂变效果；
4. 能够整合跨界营销、内容营销、社群营销等多种方式来提升营销效果。

【知识目标】

1. 了解流量扩展渠道及流量扩展的方法和技巧；
2. 掌握私域运营、视频号运营的思路和方法；
3. 掌握跨界营销、内容营销的含义和方法；
4. 掌握数字门店时代实体门店做好社群营销的具体步骤。

【素养目标】

1. 综合运用多种营销方式和营销策略解决零售企业数字化营销与推广问题，培养系统思维和创新思维，形成严谨创新的职业素养。
2. 能够用普遍联系的、全面系统的、发展变化的观点观察事物，准确把握事物发展规律。
3. 能够透过现象看本质，把握好全局和局部、当前和长远、宏观和微观、主要矛盾和次要矛盾、特殊和一般的关系。

思维导图

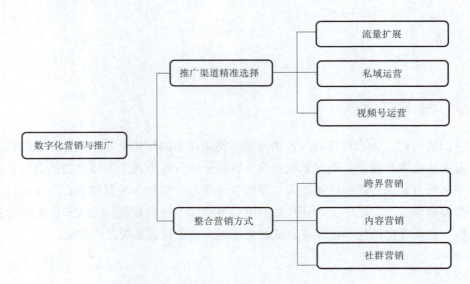

任务一　推广渠道精准选择

引导案例

网络拓宽农产品销售渠道

近年来，我国农村网络零售业迅速发展，成为乡村发展新引擎。据统计，2020年，我国农村网络零售额达到1.79万亿元。在这背后，一批批乡村电商人才瞄准时代需求、发挥专业优势、创新销售模式，让农村的好货出山，助村民增收致富，为乡村振兴贡献力量。

湖北、广西等地农民充分利用电商及社交平台，进行农产品推广工作。通过录制短视频、开展电商直播等方式，拓展农产品线上营销渠道，增加农产品的曝光度和知名度。一方面，企业和农户根据不同平台的属性及用户群体，有针对性地打造传播内容。另一方面，地方政府联合企业成立了农产品推广团队，以文化特色、地域特色为抓手，以直播带货、社交平台、短视频平台为载体，通过常态化推广机制，为产地农产品创造了更多品牌价值。

（资料来源：根据《人民日报》和中国经济网相关资料整理）

【案例启示】

数字化时代，对于农产品推广来说，线上渠道是获取客户流量的重要渠道。在推广过程中，可以通过多个线上平台进行推广，并逐步沉淀为私域流量。对于农民来说，要尽量做到"会产也会销"。

【任务书】

1. 分析私域运营的具体做法，为某数字门店企业设计私域流量获取和运营方案。
2. 分析某企业的营销渠道，并为其设计视频号运营方案。

【准备工作】

1. 阅读任务书。
2. 搜集网络、视频资料，了解知名零售企业私域流量获取和运营的实际做法。
3. 结合任务书熟悉流量扩展、私域运营、视频号运营等方面的具体方法和策略。

学习任务的相关知识点

一、流量扩展

（一）流量的含义

流量原本是一个物理学概念，指的是通过某个区域或物体的物质或能量的量。它通常用于描述某种物质或能量在单位时间内通过某个表面、管道、电路或其他物体的速率。

现在常说的私域流量和公域流量都是互联网营销领域的概念。私域流量是相对于公域流量而言的。公域流量即人人都可以用的流量，但需付出一定的成本，且不一定可持续。私域流量则可以理解为利用个人力量进行传播所带来的所有权自主、管理自主、可反复使用的流量，如数字门店利用自媒体平台将用户引流到自有领域，并通过社群、朋友圈等渠道产生用户裂变所获得的流量。

【见多识广】

公域流量与私域流量

有人曾经用水作比喻，公域流量就像是自来水，付费用水，价高者得。比如在传统电商平台上，企业想要有一定的销量和曝光量，就需要付费进行推广，如果付费停止，那水龙头就关了。

私域流量就像是井水，虽然前期打井需要付费，但井水是免费的。比如现在的新零售，虽然前期引流、留存用户需要付出一些成本，但是将用户沉淀到私域流量池之后就可以反复触达，并且完全免费。

（二）数字门店流量扩展的方法

数字门店流量扩展主要依靠"线上+线下"多场景、多渠道来获取客户流量，流量扩展的重点在于内容打造，明确目标消费群体的关注点，基于零售产品功能、特性来吸引目标消费群体，从而形成零售企业品牌自身的私域流量资产及沉淀。通过线上触点的公域引流、私域建站，以及线下触点的线下流量三个渠道，共同实现私域流量的全域数据积累与沉淀。

公域引流是指利用公域平台的流量，进行企业零售品牌营销宣传，进而通过引流将公域平台流量转化为企业品牌私域流量，如可利用搜索流量推荐、网红直播、红包裂变小游戏等方式引流。

私域建站是指企业利用品牌App、企业官网等私域平台，形成零售企业品牌自身的流量及沉淀客户，并定期进行新品预告、优惠券推送、促销宣传等相关营销活动。

线下流量是指通过线下实体门店形成的零售企业品牌自身的流量及沉淀客户。企业可通过门店导购二维码、收银台台卡、门店店铺易拉宝、线下店铺消费会员卡、店铺屏幕二维码等方式发展与积累客户流量。

营销人的信仰

营销人的信仰就是营销人对市场及营销未来发展方向的坚定信念。这种信念不会被市场短期的现象所迷惑，也不会因短期的压力而动摇。明天的顾客需要更好的产品，而不是更低价的产品，不断迭代升级，是任何行业、任何产品发展的必然方向。任何一个行业存活到最后的都不会是最低价的品牌与产品，而是更好、更有价值的品牌与产品。

比产品质量提升、品牌形象提升等更有效的竞争策略是创新与差异化。如同"最低价"只有一个,"最优"也只有一个,强调"更好"往往没有强调"不同"的效果好。创新与差异化允许多个品牌实施同一策略且都能收到良好效果。尤其在竞争对手明显具有规模优势及品牌认知优势的情况下,即使企业的产品做得更好(品质等),消费者因为难以直观感知,往往还是认为品牌知名度高的企业产品更好。创新与差异化,是比"做得更好"更有效的竞争策略。

(资料来源:汪光武《营销人的信仰》,摘自《企业观察家》2019年第2期)

二、私域运营

(一)私域运营的含义

私域运营是指对品牌或个人自主拥有的、无需付费的、可反复利用的、能随时触达用户的私域流量进行运营。在私域运营中,品牌与用户强链接,可以反复触达,有情感铺垫,便于沟通与转化。

如何进行
私域运营

(二)私域流量对于企业的价值

私域流量对于企业的价值,可以归纳为以下5点:

1. 塑造品牌,促进销售转化

过去,用户购买了产品之后,与企业的关系只是停留在买卖关系层面,二者之间缺少情感联系的通道。现在,企业把消费者集合起来形成私域流量之后,用户就能够近距离感受企业的服务,并同时与其他用户交流。这就能让部分消费者从其他消费者的口碑中增强自己对品牌的认知,这比企业自己引导消费者要有效得多。当消费者增强了对品牌的认知之后,就能在心智中形成清晰的品牌形象,从而有利于最终的销售转化。

2. 最好的连接消费者和了解消费者的途径

过去,企业想了解消费者往往要通过耗费大量的精力来做调研,但最终获得的信息却不够精准,这为企业的市场经营带来了巨大的挑战。现在,通过搭建私域流量,企业可以更加方便快捷地与消费者进行互动交流,详细了解消费者需求,并根据其需求状况有针对性地提供优质的产品或服务。

3. 口碑传播,实现老用户带进新用户

私域流量的要点是信任,私域流量池中的每个消费者,都是相互所在圈子的熟人。因此,可以通过激励、引导用户进行产品分享和通过熟人社交带来新的用户,从而实现流量池的裂变和扩展。

4. 直接降低企业成本

互联网中的流量基本被控制在各个互联网平台之中,商家要想获得流量,就要进行付费推广。而互联网平台作为流量的拥有者,为了自身的利益,在商家付费推广获取流量方面有着多重的限制与要求,这使得商家的付费推广很难按照自己的规划和设想来完成,最终的流量效果自然很难实现。随着获取流量的竞争加剧,流量获取的费用也在不断地上涨。私域流量搭建起来之后,不管是做活动还是进行品牌曝光都能省下不少推广费用,这直接降低了企业成本。

5. 防止用户流失

私域流量的搭建可以解决用户流失问题。运营私域流量,能够有效地促进沟通,提高用户黏性和用户忠诚度,从而保证用户不容易流失。

(三) 私域运营的方法和技巧

1. 精确锁定品牌目标用户,突出品牌差异性

要提高私域流量的留存率、转化率和成交率,首先要明确品牌的目标用户群体。只有这样,在进行私域运营时才能做到有的放矢。另外,企业在与用户互动时要突出自身品牌和产品的差异性,也就是要突出"人无我有"的部分,形成用户对品牌和产品的黏性,为转化和成交打下基础。

2. 以社交互动增加用户信任,实现产品变现

当前是一个深度社交的时代,在社交网络中人与生俱来的社会属性通过社交方式挖掘出来。在进行私域运营的过程中,要注重与用户的互动,增加社交的趣味性以及价值输出,保证私域流量从弱关系发展为强关系,最终使产品实现信任变现。

3. 主动构建场景刺激消费需求

企业通过精准的场景化设计,与目标消费者产生共情、共鸣、共振,促成消费者的场景化消费。在场景互动中,从消费理由、消费方式、消费体验、用户口碑等路径展开,构建一个有独特诉求且相对独立的体验空间,以场景交互的黏性优势,形成传播接触点和分享触发点,从而达到引导到店、消费转化及为后续服务蓄水,实现流量裂变和消费增长。

三、视频号运营

(一) 视频号的含义

如何做好视频号运营

视频号,即微信视频号,是一个短视频平台,可以发布视频、定位、插入微信公众号链接、直播等,与更多人分享生活和世界。用户可以对视频进行转发、点赞、评论,点击视频可暂停播放,拖动进度条可实现视频的快进和后退。如今,不少微信公众号的创作者、KOL(关键意见领袖)、品牌、明星以及网红等纷纷开通了视频号。数字门店时代,视频号也是企业进行营销推广,吸引用户流量,扩大企业品牌知名度的重要手段。

（二）视频号运营的逻辑和思路

1. 核心流量逻辑

视频号的本质是用私域流量撬动公域流量，但最重要的问题是怎样把吸引来的公域流量转化为私域流量。要解决这个问题，首先要区分流量思维和流量池思维这两个概念。

流量思维是指获取流量后再变现流量，流量池思维则是要获取流量并通过存储、运营和发掘等手段，再获得更多的流量。流量思维和流量池思维最大的区别就是流量获取之后的后续行为，后者更强调如何用一批老用户找到更多的新用户。

视频号处在微信生态和视频生态、视频社交关系链与微信流量生态链的"十字路口"。企业如若只顾着把用户吸引进来，而没有做好用户留存和用户裂变，变现仅仅依靠流量抢夺，没有品牌意识，就很容易形成一次性买卖。只有让消费者形成稳定的品牌认知，才能带来复利效应。

因此，合理的流量路径是：流量获取（公域流量池）—流量沉淀（私域流量池）—流量转化（流量留存）。各环节都可以加上裂变、引流等做法。

2. 视频号运营的两大思路

视频号运营既要有内容思维，也要有流量运营思维。

（1）要做好优质内容输出。在进行内容输出时需要注意以下三点：一是内容产品化。用打造产品的态度去输出内容，让每一条视频都有自己的内容逻辑。二是执行流程化。形成自己的内容 SOP（Standard Operating Procedure，标准作业程序），让内容生产不成为重要负担。三是抉择数据化。选题、标题、正文、结尾、引导词、视频简介的迭代和更新是建立在数据之上的。数据考核维度可包括点赞、播放、阅读、评论、收藏、转发等。

视频号运营要时刻保持用户思维，不仅考虑自己能提供什么，更要考虑用户需要什么，还要考虑怎样把自己有的变成用户需要的。

（2）要做好精细化运营。一要紧跟热点。除了做好日常内容输出外，还可根据今日头条、微博等搜集热点，定制化输出热点内容。二要快速迭代。不要陷入重复性的流水式产出，要实时迭代视频素材库和选题方向，结合平台热点创作具有品牌特色的内容。三要精细运营。运营者需要把控整体运营节奏，如制定运营规划、搭建数据分析模型、研究推流机制、设计引流玩法、复盘运营情况。同时还要做好各个环节的引流，如账号简介引流、内容描述引流、扩展链接引流、主动评论引流、视频内容引流、账号互推引流、视频直播引流等。

总之，企业依靠视频号引流不仅要靠优质的内容，还要靠精细化的运营。

任务实施

实训任务一：设计私域流量获取和运营方案

某美妆品牌近年来通过搭建私域流量取得了不俗的销售业绩。该美妆品牌的私域流量主要来自两个渠道：门店引导和线上引导。门店引导主要是通

跨界营销靠什么吸引消费者

过福利引流的手段，引导到店的顾客添加一个微信号成为好友。线上引导主要是当用户在各大平台"种草"，买了该品牌的产品后，就会得到一张"红包卡"，引导用户关注公众号后，再顺势引导其关注个人号"小完子"，"小完子"会进一步邀请用户进群和扫码小程序。

私域运营主要通过社群运营、朋友圈运营和用户留存后的转化来提升运营效果。社群运营方面，建立了微信群"小完子完美研究所"，基于精品美妆美容进行有价值的分享，载体通常是小程序，另外还有直播和抽奖，以此来保持用户的持续关注和活跃。朋友圈运营方面，"小完子"仿佛是活在用户朋友圈里的美妆少女，而数百个"小完子"个人号的朋友圈内容基本一致，但也会根据用户做一些差异化的调整。留存后的转化方面，在用户表示明确兴趣的时候适时跟进，通过福利秒杀、微信群推送、私聊推荐等方式进行促销。

完成任务：

1. 分析该美妆品牌是如何进行私域运营的。
2. 结合该品牌的做法，为某数字门店设计私域流量获取和运营方案。

实训任务二：设计视频号运营方案

当前的市场竞争已经从增量用户竞争阶段逐步转化成为存量用户竞争阶段。在存量竞争时代，企业的数字化运营能力将成为关键竞争力。在这个背景下某知名服装品牌开启了基于用户的数字化全渠道运营，它的特征是实现营销 4P+ 用户数字化。在商品层面，营销流程的第一步是将商品变成数字，作为开展商业活动的基础。在价格层面进行精细化测试，在营销层面形成链路化（从触点到购买），通过渠道实现智慧化零售（公众号 + 小程序 + 卡券，盘活自己的用户）以及用户常态化运营（持续引导消费者进入自己的私域流量池，将其转化成用户，并长期运营，实现用户对品牌的终身价值）。

该服装品牌全面梳理了其全渠道业务规划。一方面，建立了基于微信与 SaaS 软件的导购端千店千策系统、平台电商等。另一方面，通过私域 SCRM 运营工具，形成以企业微信为 App 端的一对一的客户精细化运营，让客户感受有温度的服务。同时，以门店为核心进行社群运营。

完成任务：

1. 分析该服装品牌有哪些营销渠道。
2. 假设该品牌要通过运营视频号增加客户流量，请你为其设计视频号运营方案。

实训评价

请扫码下载评价表，进行项目实训评价。

自我检测

1. 说出私域流量、公域流量、私域运营、视频号运营的含义。
2. 列举出数字门店流量扩展的方法。
3. 列举出私域运营的方法和技巧。
4. 分析视频号运营的核心流量逻辑和两大运营思路。

实训综合
评价表

习题小测

一、单项选择题

1. 数字门店精准营销的核心是（　　）。
   A. 人　　　　　　　　　　　　B. 数据统计与分析
   C. 网站流量　　　　　　　　　D. 渠道

2. 下面关于私域流量和公域流量的描述，错误的是（　　）。
   A. 公域流量也叫平台流量，它不属于单一个体，而是被集体所共有的流量
   B. 私域流量是一个社交电商领域的概念
   C. 公域流量现在已经没有企业做了
   D. 私域流量刚开始都是从公域获取的

二、多项选择题

1. 私域流量对于企业的价值主要有（　　）。
   A. 塑造品牌，促进销售转化　　　B. 降低企业成本
   C. 实现老用户带进新用户　　　　D. 防止用户流失

2. 内容运营是链接产品与用户的桥梁，内容运营又是运营工作的核心之一，以下关于内容运营的说法中，正确的是（　　）。
   A. 做内容运营之前，一定要先做好内容定位
   B. 内容运营一般的流程是：内容定位—内容来源—内容生产加工—内容分发—效果跟踪
   C. 想要做好内容定位，需要先理解产品和用户
   D. 在做内容定位时，数据分析是不需要掌握的技能

3. 数字门店数字营销过程中进行数据分析的意义有（　　）。
   A. 了解营销与运营质量　　　　　B. 控制营销与运营方向
   C. 可以控制营销与运营成本　　　D. 评估营销与运营方案

任务二　整合营销方式

引导案例

某中华老字号奶糖品牌的跨界营销之路

作为已经诞生超50年的奶糖品牌，面临着品牌老化的风险。为了应对外部竞争，实现品牌年轻化的目标，该品牌从2015年试水跨界营销，以输出品牌IP形象跨界的方式，从浅层次的视觉元素到味觉、嗅觉等元素，触达消费者心智，促使其进行社交分享和口碑传播。

2016年，该品牌与中国国家博物馆跨界合作，推出国宝级文物"四羊方尊"文创糖果礼盒。2017年开始，它分别与知名咖啡品牌、护肤品品牌、奶茶品牌、服装品牌、牛奶品牌、巧克力品牌等开展了跨界合作。跨界合作推出的产品一般为年轻人喜爱的产品，通过跨界营销使品牌更多地暴露在这些年轻消费者的视野中。在渠道传播过程中，该品牌实行线上线下联动。一方面在品牌门店、快闪店以及展览现场等开展线下活动，另一方面通过社交媒体引发事件话题进行广泛传播，通过事件营销、互动营销等方式提升传播效果。一次次的跨界营销使消费者对品牌的好感度上升，品牌口碑上升。

（资料来源：根据付晓蓉主编《大数据营销基础、工具与应用》相关案例整理）

【案例启示】

在当前的数字化营销时代，企业要取得良好的营销效果，必须采用颠覆式的创新思维来攻破消费者的心灵壁垒，通过创新和整合营销方式，激发消费者的猎奇心理和购买欲。

【任务书】

1. 分析两大知名品牌开展跨界营销的原因，列举跨界营销的具体方式。
2. 分析某知名超市整合了哪些营销方式，并为该超市设计一份社群营销方案。

【准备工作】

1. 阅读任务书。
2. 搜集网络、视频资料，了解知名零售企业是如何整合各种营销方式的。
3. 结合任务书熟悉跨界营销、内容营销、社群营销等方面的具体方法和策略。

学习任务的相关知识点

一、跨界营销

（一）跨界营销的含义

跨界营销就是根据不同行业、不同产品、不同偏好的用户之间所拥有的共性和联系，把一些原本毫不相干的元素进行融合和相互渗透，进而呈现出一种新的生活态度与审美方式，并赢得目标消费群体好感的营销方式。

通过跨界营销，品牌能实现营销双赢，形成强强联合的品牌协同效应。跨界营销的重点在于品牌之间存在互补性。这里所说的互补并非指自身品牌与竞争对手品牌之间的用户共享，而是指不同领域、不同行业、不同产品之间的互补；并非指产品功能上的互补，而是指用户体验上的互补。这种互补要求两个品牌的目标用户之间存在一定的共通性，在用户需求和消费体验上要有一定的共同点。

（二）跨界营销的具体策略

1. 品牌跨界

品牌跨界可以让参与者借助对方积累的品牌资产，为自己的品牌增加新的元素，从而提升自身品牌形象，扩大品牌影响力，为自身品牌带来新的活力和新的增长点。因此，如果品牌需要强化或优化自身在某一方面的形象，可以尝试跨界营销，借助其他品牌之力来增加自身形象的溢价。如果想让自身品牌获得更多年轻人的喜爱，就可以寻找带有年轻元素的品牌进行跨界合作。如果想增加自身品牌的科技感，就可以寻找带有科技元素的品牌进行跨界合作。

【见多识广】

联名产品是跨界营销的产物，是品牌通过与其他品牌、IP 或者名人合作而产生的新产品。联名产品，既是产品层面的创新，又兼具了话题传播、品牌建设的价值。

2. 用户跨界

由于渠道不同，每个品牌所能覆盖的消费群体也会有所不同。跨界营销可以让品牌借用对方的渠道资源和粉丝群体，覆盖到更多有价值的目标消费群体，这就是用户跨界。

跨界营销可以通过多种方式来扩大渠道覆盖，增加用户量。例如，可以与一个人气比较高的 KOL 进行合作，也可以与比较热门的娱乐 IP 进行合作，还可以借助合作品牌的渠道资源和粉丝力量来扩大品牌传播范围。

3. 场景跨界

场景跨界的核心是通过开展跨界营销延伸或强化用户使用场景记忆。在移动互联网时代，争夺用户的注意力非常重要。

【见多识广】

面对同类音乐平台的竞争压力，网易云音乐与众人皆知的快消品牌农夫山泉进行合作，推出了"乐瓶"。网易云音乐从 4 亿条乐评中最终精选出 30 条打动人心的评论，印制在 4 亿瓶农夫山泉天然饮用水"乐瓶"的瓶身，让每一瓶水都自带音乐和故事。"乐瓶"根据饮水场景，不仅为每个人打造专属的产品，还为用户提供完整的听歌体验，更具互动性和分享性。

通过"乐瓶"营销，网易云音乐和农夫山泉突破了原有品牌的场景流量，增加了用户的场景记忆。用户在饮用农夫山泉时会通过瓶身联想到网易云音乐，而用户在使用网易云音乐时，也会因为乐评而联想到农夫山泉。

鲁班：刻苦钻研，勇于创新

鲁班出生于春秋时期鲁国的一个工匠世家，年幼时就展现出对土木建筑的兴趣。小鲁班每天花很多时间摆弄树枝、砖石等小玩意，左邻右舍都认为他不学无术，只有母亲非常支持他，并鼓励他做自己喜欢的事情，在实践中增长才干。

在母亲的支持下，鲁班从一个贪玩的孩子成长为一名优秀的建筑工匠。然而，年少时养成的习惯使他并不安于成为一名普通木匠，他非常留心观察日常生活，在实践中获得灵感，不断改进、创新自己的工艺和工具。于是，鲁班不仅发明了锯子，还发明了墨斗、石磨、锁钥等工具，成为名副其实的发明大家。

善于发现的眼睛、不断创新的思想和精益求精的钻研精神使鲁班成为建筑行业的先师，广为后世称道。鲁班的事迹也凝结为以爱岗敬业、刻苦钻研、勇于创新等品质为内核的"鲁班精神"。

（资料来源：根据中国经济网相关资料整理）

二、内容营销

（一）内容营销的含义

内容营销是一种通过创造和发布有价值的、相关的、可信的内容来提高品牌知名度、提升销售额、增加客户满意度的营销策略。其重点是通过创造有价值的内容来吸引客户的兴趣，进而促进产品销售。在自媒体时代，内容营销显得愈发重要。

（二）内容营销的具体做法

1. 为用户提供解决方案

如何做好内容营销

传统营销一般是直接展示产品，在广告中往往会重复品牌和商品名称，以加深消费者对品牌和商品的印象。而内容营销则是通过为用户提供解决方案，帮助他们解决某个实际问题来培养其对品牌和商品的信任度，然后才会引导用户购买商品。当用户对品牌和商品的信任度达到一定程度时，往往会自发购买商品。

内容营销中，为用户提供的解决方案与商品之间并非割裂的关系，优质的解决方案是商品的一个组成部分，整个营销活动要兼顾解决方案和商品两个方面的营销。与传统营销打造出来的商品相比，内容营销打造出来的商品具有高门槛、高附加值、高用户黏性的特点。

2. 搭建新型购物场景彰显商品独特价值

传统营销模式下，品牌商更喜欢打价格战，而内容营销中，品牌商更喜欢用户展示商品的独特价值，这主要是由于购物场景的不同造成的。

传统购物场景中，无论是线下商场、超市还是线上店铺，都存在商品严重同质化的问题。面对大量同款、相似款的商品，消费者在选购时重点考虑的因素往往是商品价格的高低，以及是否有促销、优惠活动等。而新媒体的迅速发展推动了新型购物场景的出现，用户在一种休闲的状态下刷着朋友圈，浏览着公众号的美文，观看着直播间的直播，在阅读图文和观看直播的过程中不仅增长了知识，还完成了购物过程。

在搭建全新购物场景时，要注意搭建贴合用户实际、能够引发用户共鸣的场景，通过搭建各类场景来强化用户对商品价值的关注，弱化其对价格的关注，从而促使用户产生感性消费。

3. 通过品牌自媒体直接触达客户

在新媒体时代，品牌商和企业应该打造属于自己的自媒体。品牌自媒体和内容营销有着密不可分的关系。一方面，品牌自媒体是品牌开展内容营销的有力支撑，内容营销信息的发布与传播，购物场景的搭建与转化等，都需要品牌自媒体的支持；另一方面，打造品牌自媒体也离不开内容营销的支持。品牌通过开展优质的内容营销，持续、稳定地产出高质量的内容，让品牌具备媒体的功能，从而让品牌不需依赖第三方媒体，通过自身的自媒体就可以直接触达客户。

三、社群营销

（一）社群营销的含义

如何做好社群营销

社群营销是指商家或企业为满足用户需求，通过微博、微信、社区等各种社群推销自身商品或服务而形成的一种商业形态。新媒体时代下，社群营销已经成为品牌和粉丝互动不可或缺的营销方式，是提高转化率最好的方式之一。

（二）数字门店时代实体门店做好社群营销的步骤

社群营销的本质是在互联网基础上的进一步连接，即连接人与信息、人与人、人与商品。通过让社群成员对社群产生信任，从而降低广告成本、搜索成本和交换成本。对于实体门店来说，开展社群营销的基本步骤大致可分为四步。

1. 建立社群

建立社群是做好社群运营的重要基础。实体门店本身就拥有稳定的客群，所以具备非常好的建群条件。在建群时，需要深入分析群成员的属性和消费能力。

（1）分析社群成员的属性。实体门店运营者可以根据社群成员的属性来建立社群，这个属性可以是性别、年龄，也可以是行业、职业、身份属性（如学生、新手妈妈等）。属性相同的人才更容易拥有共同语言。

针对不同属性的成员建立不同的社群后，要确定不同的社群交流主题。例如，新手妈妈社群要以推送育儿经验和婴幼儿商品信息为主，老年人社群要以推送健康、养生知识和商品信息为主，等等。

（2）分析社群成员的消费能力。社群成员的消费能力直接影响着社群运营策略的制定。例如，如果想在社群中推送一些高品质的商品，消费能力较低的人就会觉得商品的价格太高；如果一味地迁就消费能力较低的成员，总是推送一些低价商品，可能会导致追求高品质商品的成员退群。

2. 社群引流

分析了社群成员的属性和消费能力之后，实体门店运营者可以采取多种方式吸引消费者入群。例如，在门店内设置群二维码，消费者可以通过扫描二维码入群。除此之外，还可以通过线上新媒体引流、线下场景引流和社群成员转介绍引流等方式来扩大社群规模。

线上新媒体引流的渠道主要有微信公众号、视频号、微博、抖音、快手、小红书等。线下场景引流是指社群运营者到线下活动场所找到目标人群，并通过一定的利益引导，促使他们加入社群。社群成员转介绍引流即通过已入群的社群成员推荐来吸引更多的人加入社群。

3. 激活社群成员

消费者成功入群后，接下来就要激活社群成员，让其保持活跃度，并对社群产生信任感和依赖感。激活社群成员的方法有以下几种：

（1）分享有价值的内容。内容始终是品牌运营的核心。在正式打造社群持续输出的内容之前，要对社群成员的需求进行调查和分析。可以在社群中发起投票，看看社群成员最关注哪些主题，然后对这些主题的内容进行重点挖掘。同时，还要关注社群成员的留言，根据他们的建议进行主题调整。只有让每个社群成员都感到推送的内容是有价值、有意义的，社群才能稳固且持久。

（2）推送商品。实体门店运营者可以采取图文结合的形式推送符合社群成员特征和需求的商品，用文字和图片赋予商品更多的价值增值；也可以使用短视频来推送商品，让商品更具表现力，提升社群成员对商品的关注度，并刺激他们自主传播商品。

（3）发放红包。要想借助红包刺激社群的活跃度，需要注意以下两点：

一是要找到合适的发红包的理由，不宜毫无目的地发红包，例如可以发节日红包、抽奖红包、感恩红包、积极互动红包等；在发红包时最好写上一句祝福语，让社群成员感受到红包的情感分量，而不是简单地点击获取。有了情感要素的植入，社群成员会更加依赖社群。

二是要选择正确的时间发放红包。发红包的时间不宜在早上，因为大家马上要进入工作状态，没有时间和心情互动。可以选择临近下班时、晚上9点后或者节假日大家都空闲的时间。注意，发红包的时间不要影响社群成员的正常作息。

（4）组织线下活动。实体门店运营者要充分运用好线下实体门店的优势，将社群运营与店铺营销活动结合起来，针对社群成员的特点组织一些有价值的线下体验活动，如新品体验、亲子活动等，拉近运营者与社群成员的心理距离，提升社群成员的活跃度。

（5）发挥 KOL 的作用。KOL 是指拥有更多、更准确的产品信息，且为相关群体所接受或信任，并对该群体的购买行为有较大影响力的人。实体门店在开展社群营销时，要高度重视 KOL 的价值，结合自己社群的特点招募 KOL 或培养自己的 KOL，让他们与社群形成紧密的关系，在社群运营中充分发挥价值。

4. 社群运营与管理

任何组织，如果没有规则的约束，秩序就会变得混乱，社群也是如此。在社群运营与管理过程中，可采用以下方法和技巧：

（1）设置社群管理员。社群管理员一般应具备以下特点：首先，要有良好的自我管理能力，严格遵守群规，以身作则；其次，要有责任心和耐心，能够认真处理社群事务；再次，要团结友爱，有利他之心，处事沉稳果断，顾全大局；最后，要赏罚分明，能够灵活运用社群规则对成员的不同行为做出合理的奖惩。

（2）设置合理的群规。合理地设置社群规则是保证社群健康、有序发展的基础。在设置群规时，一根要根据社群自身的情况来进行设置。

（3）设置奖惩规则。设置合理的奖励与惩罚机制有利于提升社群的活跃度，维护社群的良好秩序，为社群成员创造健康的交流、学习环境。只要群成员针对社群的商品、服务或社群管理模式提出了有价值的建议，管理员就可以给予其一定的奖励，如赠送商品、商品试用奖励，甚至是现金奖励。对于违反群规的成员要予以惩罚，以维护社群的良好秩序，保证社群的健康发展。

（4）设置淘汰规则。对于长期不发言、不表态的成员，社群运营者可以通过组织各类线上活动来引导其参与和成长。对于总是不响应、不反馈的成员，社群运营者可以考虑运用淘汰机制。通过淘汰机制筛选出高价值成员，将低价值、无效的成员剔除，从而提升社群的价值。

任务实施

实训任务一：分析跨界营销原因、列举跨界营销方式

近年来，跨界营销已成为品牌提升知名度的重要举措。这其中有年轻茶饮品牌与老字号美妆品牌的跨界，有汽车品牌与运动品牌的跨界，也有著名娱乐 IP 与地产品牌的跨界。当然，现实中跨界营销的效果各不相同。

完成任务：

1. 分析品牌能够开展跨界营销的原因。
2. 列举品牌跨界营销的具体方式。

实训任务二：设计社群营销方案

某知名超市近年来实施全渠道发展战略，发力会员精准营销，用心将线上线下客流量转化为"留量"。在创新发展理念的驱动下，该超市已从深耕线下的传统零售企业，实现了向全渠道零售的转型，门店、线上、社区、团购、批发五大渠道，多触点、多场景链接消费需求。

线下门店作为一个重要场景，在提升会员流量上发挥着不可替代的作用。升级后的新业态门店正在刷新购物体验，围绕消费者一日三餐和居家生活重塑品类和商品价值，在数字化、场景化打造上更贴合年轻人购物习惯。为增强会员体验，超市门店定期结合二十四节气和节日举办研学活动，如风筝彩绘、蔬菜拓印、包粽子、包饺子等活动。同时开展发光夜市、美食市集等品牌活动，将生活方式、美食文化、艺术交流有机融合于空间布局中，营造沉浸式的场景体验。

此外，该超市还深耕社群。4 000多个微信社群锁定门店周边商圈顾客，提供即时在线服务和互动，进一步拉近和会员的距离。同时，还发力社交电商，定期和大型供应商联合举办直播带货，在商品规划和活动上创新玩法，加快电商赋能输出。为做好"附近"的小生意，该超市深入社区联合共建红色驿站，为居民提供商品销售、预售、送货上门、售后解答、旧衣回收、便民理发等增值服务，打通社区服务"最后100米"。

完成任务：

1. 分析该超市整合了哪些营销方式。
2. 为进一步提升社群营销效果，请你为其设计一份社群营销方案。

实训评价

请扫码下载评价表，进行项目实训评价。

实训综合评价表

自我检测

1. 跨界营销、内容营销、社群营销的含义是什么？
2. 跨界营销的具体策略有哪些？
3. 内容营销的具体做法有哪些？
4. 数字门店背景下实体门店做好社群营销的步骤是什么？

习题小测

一、单选题

1. 跨界营销是指借助（　　），将一些原本不相干的元素进行融合和渗透，进行彼此品牌影响力的互相覆盖，从而赢得消费者的喜爱，达到共赢的效果。这种营销模式的成功基础主要是：跨界伙伴、契合点、系统化推广。

　　A. 感情和平台　　　　B. 共性和联系　　　　C. IP 和情感　　　　D. 跟踪管理

2. 在某品牌新款手机推广过程中，使用了创意海报、H5、动态海报、短视频、直播等多种推广形式，并与相关合作伙伴推出跨界海报，邀请专业摄影师和明星达人讲解新款手机的拍照功能和拍摄技巧。这说明在营销过程中（　　）。

　　A. 粉丝群体越大，曝光度高

　　B. 内容形式应尽量多样性，可以覆盖到不同喜好的受众

　　C. 新媒体平台只是人们生活中的一部分

　　D. 受众在众多平台的停留时间是有限的

二、多选题

1. 为了保证社群的活跃度，可以借助的方式有（　　）。

　　A. 打卡　　　　B. 发红包　　　　C. 转发信息　　　　D. 价值输出

2. 进行社群讨论内容策划时，在话题方面要遵守（　　）原则。

　　A. 话题不能太大　　　　　　　　　　B. 话题要简单、有吸引力

　　C. 话题设计要有情景感　　　　　　　D. 话题设计注重用户的参与度

3. 社群营销的价值主要体现在（　　）。

　　A. 刺激产品销售　　　　　　　　　　B. 提供交流平台

　　C. 感受品牌温度　　　　　　　　　　D. 维护用户黏性

4. 关于红包互动，下列说法正确的有（　　）。

　　A. 陌生人多的群，可以发大红包获取关注

　　B. 有喜讯、有好事、有重要通知，发红包吸引注意力

　　C. 给群内优秀分享者发红包作为奖励和感谢，可以营造更好的分享氛围

　　D. 红包无论大小，只要发了就会有积极效果

项目五

数据管理与运营

 学习任务

数字门店的"新"是以"人"为核心进行的体验升级改造,数字门店与数据化是不可分离的。传统零售企业想要实现向数字门店的转型就必然要走上数据化经营这条道路,坚持以数据为驱动,推出数字化智能选址,为门店规模化赋能,构建数字化的供应链网络,并通过运用互联网技术对消费者的行为数据进行记录,对门店进行智慧化的综合管理,帮助门店提升经营效能。

教学目标

【能力目标】
1. 能够进行数字化智能选址前期数据收集与整理；
2. 能够以数据为驱动进行供应链运作与整合；提高端到端供应链的透明度与服务水平；
3. 能够用数据化运营模式提升门店运营效率；
4. 能够搭建有效的数字门店系统；
5. 能够建立零售业"人""货""场"三个维度的数据分析指标体系；
6. 能够对运营数据进行分析，用大数据驱动精细化运营。

【知识目标】
1. 熟悉数字化智能选址的优势；
2. 掌握数字化供应链的优势；
3. 熟悉第三方贸易平台协助中小零售企业运营方式；
4. 掌握数字门店的优势；
5. 掌握数据分析科学的思维方式；
6. 熟悉数据的经典分析法和数据分析工具。

【素养目标】
1. 培养合作共赢的意识和能力，善于与供应商、服务商、技术公司等各方面进行合作。
2. 培养学生对问题的敏锐感知和深刻思考能力，能够从多个角度思考，提出独特的见解和解决方案。
3. 深刻领会党的二十大报告提出的加快实施创新驱动发展战略，培养学生的创新意识和创新能力。数字化供应链的构建需要不断探索新的技术、新的商业模式，学生应当具备实践创新的勇气和能力，推动供应链的持续发展。
4. 强调企业在数据化运营模式中应承担的社会责任。让学生了解个人信息保护、消费者权益保护和数据安全等方面的知识，引导他们在数据化运营中注重道德规范和法律法规的遵守。

思维导图

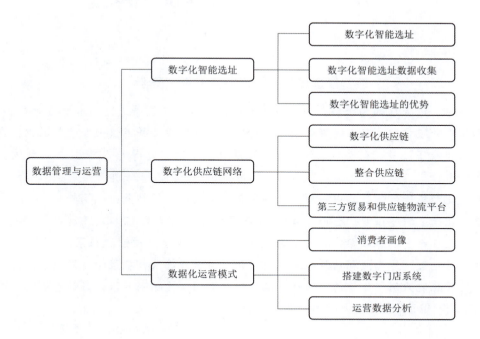

任务一　数字化智能选址

引导案例

智能选址——让商业变得更"聪明"

近年来，以互联网为依托，通过运用大数据、人工智能等先进技术手段对商品生产、流通和销售升级重塑的新零售模式悄然流行。新零售的意义并不仅仅在于数据化，更重要的是通过将线下流量、交易行为逐步数据化后让线下商业变得更"聪明"，做到过去做不到的事。

数字化智能选址便是其中一项。数字化智能选址就是帮助企业、品牌选择更能"赚钱"的门店，让选址的过程更"聪明"。便利店是否盈利75%至80%取决于选址。传统选址需要1个月至3个月的调研期。通过大数据，只需要1周至2周便能积累足够的决策数据。西安的"每一天"连锁便利店最新两家门店就来自智能选址，从经营效果来看，大数据选址门店的营业能力明显优于传统选址开店，这两家门店才刚刚开张，月销售额就都进入了"每一天"全国400家门店大排名的前十名。

（资料来源：根据中国经济网相关资料整理）

【案例启示】

无论是个体店还是连锁店，都要保障选址的准确。传统选址流程对个人主观判断的依赖性极大；而在边缘计算、人工智能、企业数字化技术突飞猛进的今天，能够提供多维度影响因子、辅助商家决策的智能选址服务应运而生。

【任务书】

1. 总结数字化智能选址数据收集要素。
2. 对比传统选址模式，明确数字化智能选址的优势。

【准备工作】

1. 阅读任务书。
2. 搜集网络、视频资料，了解数字门店企业数据驱动下的数字化智能选址。
3. 结合任务书分析数字化智能选址的难点和常见问题。

学习任务的相关知识点

一、数字化智能选址

大数据时代，商业选址的变革之路已经悄然开启，古人有云："一步差三市。"合理的选址对商业经营情况起到了至关重要的作用，创业开店的成功与否，关键在于店面的选址。这一步走得对与否，决定了日后店铺的经营状况。如果经营效果不理想，更换店面位置，

将花费很多的人力、物力和财力。

数字化智能选址是一种基于人工智能技术，通过分析市场及用户行为等多种指标，以挖掘出最优的选址决策的方法。具体而言，数字化智能选址需要在分析企业市场定位、用户地理分布、竞争对手等多种维度的综合数据基础上，建立实时更新的选址决策模型。在面对不同类型企业时，这种方法还可以根据需求加入个性化的选址条件，包括企业规模、资本结构、人力资源等。

利用数字化智能选址，企业可以自动分析面向全国的市场数据，并根据当地的供求情况、竞争状态等进行分析，提供最优选址方案。这种选址方法能够有效降低企业在人员、时间、资金等各方面的成本，在维持高质量发展的同时大大加速企业业务扩展的步伐。

二、数字化智能选址数据收集

传统的商圈调查方式，只能依靠人为去目的地蹲点，观察目标店址所在商圈人流、交通便利性、竞争对手位置、周边配套是否能吸引来潜在客户等。当前，大数据作为一种企业的重要资产，挖掘与应用已渗透到各个行业，利用商圈地图获取数据，可以驱动管理决策，作为选址的核心指标。

数字化智能选址

（一）数据来源

利用大数据技术，通过城市商业地理数据结合时空智能、用户画像技术，为商圈调研分析提供便捷的数据获取能力。数字门店可以通过大数据平台，收集各类与门店相关的数据，包括市场数据、人口数据、消费数据、交通数据等。数据可以来自政府部门、第三方数据提供商、社交媒体以及在线购物平台等渠道。以人口数据为例，大数据地图能够采集人群数据。获取人群数据后，进行清洗和整合，去除冗余信息、纠正错误数据，与数据库匹配，过滤有效数据，并将有效数据整合在统一的平台上，方便后续分析与应用。

（二）大数据智慧商圈分析

智慧商圈分析可以选用第三方数据平台来查找数据，例如，大数据地图。大数据地图拥有自有 SDK（Software Development Kit，软件开发工具包）数据源，采用地理围栏与 GPS 数据推算等方式对商圈范围内人群进行监测，获取人群特征信息及行为数据。

【见多识广】

SDK 一般都是一些软件工程师为特定的软件包、软件框架、硬件平台、操作系统等建立应用软件时的开发工具的集合。

地理围栏是基于位置服务的一种新应用，就是用一个虚拟的栅栏围出一个虚拟地理边界。当手机进入、离开某个特定地理区域，或在该区域内活动时，手机可以接收自动通知和警告。

1. 大数据智慧商圈分析主要内容

（1）通过客群画像，了解商圈附近客群数量，基于常住人口情况判断客源，分析具体目标客群情况。利用客群画像标签，汇总计算商圈中有旺盛消费行为的客群画像，进而推测目标客群的消费偏好。人群画像信息包括年龄分布、性别比例、婚姻状况、职业分布、消费偏好等，门店从中能够有效了解商圈中的目标人群分布情况，更好地进行市场定位和目标客群的分析，挖掘潜在客群，更好地制定销售策略和优化商业运营。

（2）通过分析商圈常住人口热力图，判断商圈内是否拥有充足的潜在客群，若店铺拟定位置恰好位于商圈热力图点位，就会有充足的目标客群，因此可以根据热力图所示的商圈区域进行选址开店。

（3）通过配套设施，了解商圈附近小区数量和店铺租赁情况，帮助门店获取小区附近情况进而正确选址，例如民用住宅分布及房价、房租等信息。

（4）通过周边业态，了解商圈业态分布情况及具体的竞品情况，帮助门店更好地获取竞品信息，包括周边餐饮业态、周边购物业态、周边医疗相关业态、周边教育培训相关业态、周边宠物相关业态、周边景区业态、周边交通相关业态、周边公司分布业态、周边商务住宿业态、周边生活服务业态、周边体育休闲业态、周边政府机构业态、周边公共设施业态等信息，满足多种业务场景数据需求分析，数据驱动为开店选址的决策提供数据支持。

（5）通过分析消费者在商圈/商场内的行为数据，如停留时间、访问频率、消费习惯等，了解消费者在商圈内的行为模式和需求，进而优化商业设施布局、制定更精准的营销策略。

（6）通过竞品数据分析，可以监测和分析竞争对手的活动和表现。可以通过追踪其销售数据、品牌声誉、市场份额等信息，了解竞争对手的优势和劣势，并及时调整自身战略。

2. 大数据智慧商圈分析步骤

（1）竞品概况：了解竞品的基本情况，包括公司背景、市场定位、门店数量、覆盖范围、经营模式、销售渠道、品牌形象等。

（2）品牌定位：分析竞品的品牌定位，包括门店省份、城市分布及占比情况。

（3）客户需求：了解竞品的客户需求和购买行为，包括目标客群、购买意愿、消费习惯等。

（4）品牌识别度：评估竞品的品牌知名度和认知度，包括广告投放情况、社交媒体曝光度、口碑影响力等。

（5）产品特点：分析竞品的产品特点和优劣势，包括产品设计、功能特点、用户体验等。

（6）市场趋势：分析竞品所处市场的趋势和发展前景，包括市场规模、增长率、市场份额等。

三、数字化智能选址的优势

1. 数据驱动

数字化智能选址依赖于大量的数据收集和分析，可以基于真实的市场数据和用户行为来进行选址分析。通过对历史销售数据、人口统计数据、交通数据等进行深入分析，可以更准确地了解潜在客群和目标市场的特征，从而帮助做出更明智的选址决策。

2. 节省时间和成本

传统的选址决策可能需要进行大量的调研和实地考察，耗费时间和人力资源。而数字化智能选址可以通过自动化的数据分析和模型建立，大大减少调研的时间和成本，只需输入相应的数据并执行相应的算法，就能够快速得出选址建议。

3. 提高准确性

数字化智能选址利用先进的数据分析和机器学习算法，可以更精确地预测市场需求和商业潜力。通过不同维度的数据关联和分析，可以发现隐藏的市场规律和趋势，避免主观判断和随意选址的风险。因此，数字化智能选址提供了更为科学和可靠的选址决策支持。

4. 多维度分析

数字化智能选址可以同时考虑多种因素，如人口密度、消费能力、竞争格局、交通便利性等。通过综合分析这些因素，可以得出更全面的选址评估和预测，帮助用户找到最有潜力的选址地点。

5. 模拟和预测功能

数字化智能选址通常具备一定的模拟和预测功能，可以在不同的选址方案之间进行比较和评估。用户可以根据自己的需求和假设条件，对不同选址方案进行模拟，预测其可能的商业效果和收益水平。这种功能可以为选址决策提供更多的参考和决策支持。

6. 助力零售企业运营管理

智能选址功能可以与更多企业服务功能结合。主要表现在：第一，辅助闭店决策。具有商业数据的地图厂商可以为商家提供一些客流方面的分析，这不仅可以辅助商家开店选址，还可以在特殊时期辅助商家制定关店决策。第二，追踪友商信息。零售企业可以通过采购多款选址产品，来追踪同类品牌的用户消费水平、扩张速度等信息，这对零售企业完善单店模型意义重大。第三，通过大数据助力客户进行市场研究、消费者洞察、流量数字化，从选址、开店、营销全流程开展客户服务。

素养园地

多思，出能力

工作任务能否有效落实，疑难问题能否有效解决，与任务承担者的能力、素质有着非常直接的关系。解决问题能力强的人，思路开阔，遇到问题，总能想方设法予以解决。而要提升这种解决问题的能力，思考是一条重要的途径。

钱学森在北京师大附属小学读书的时候，最爱和同学们玩投掷飞镖的游戏。他折的飞镖飞得又稳又远，小伙伴们又羡慕又惊奇，以为这里边有什么"鬼"，自然课老师便让钱学森向同学们讲出其中的奥秘。钱学森说："我的飞镖没有什么秘密，只是经过多次失败之后一步一步改好的。我的飞镖用的纸比较光；头不能做得太重，也不能太轻，否则就飞不起来；翅膀也不能叠得太小，也不能太大，否则就飞不稳也飞不远。这是我多次实验悟出来的道理。"

听了钱学森的话，自然课的老师对同学们说："钱学森爱动脑子，从实验中摸索出了折叠飞镖的方法。把飞镖折得规整，叠得有棱有角，就可以保持平衡，减少空气阻力，巧妙地借助风力和浮力，这样飞镖就飞得又稳又远了。"

成功的创造来自成功的思考。

钱学森的飞镖之所以能飞得又稳又远，就在于他制作飞镖前进行了成功的思考。不仅如此，每一次失败又都是他思考的起点。通过不断地思考，他终于制作出了让同学们羡慕的飞镖。

（资料来源：根据新华出版社相关资料整理）

任务实施

实训任务一：智能选址，数智相随，企业的"双动力"战略成果

2021年周大福集团发布了由"实动力+云动力"构成的"双动力策略"。"实动力"是指集团持续拓展中国内地零售网络版图，而"云动力"则是积极以科技赋能数字门店，加速发展零售科技应用及智慧制造。同时，具有远见的周大福团队已经开始探索如何利用数字化智能选址，更好地帮助品牌实现大规模、高质量、高速扩张。短短两年多时间，门店数量实现了从3 000多家发展到6 000多家的跨越，这一方面体现了周大福积极长远的渠道战略布局，另一方面也说明了周大福在渠道数字化、店铺选址方面的卓越成果。

随着战略的深入贯彻实施，企业一直以来坚持"以客户为中心"的宗旨，秉持"大胆创新、阶段见效、快速可用"的原则稳步推进项目成果切实落地，通过数字化智能选址，赋能周大福渠道快速拓展。整个合作计划被称为"穿越未来的战略地图"，包括"自上而下、自下而上"的一套战略地图平台、三个决策模型及一套指标看板，全方位赋能周大福"双动力策略"的推进。

完成任务：
1. 根据周大福数字化智能选址方面卓越的成果，总结数字化智能选址的优势。
2. 对于珠宝门店的数字化智能选址，需要考虑的因素有哪些？

实训任务二：数字化智能选址，为门店赋能

假设你的连锁餐饮品牌希望创业开一家新的门店，并希望通过数字化智能选址来确定最佳地点。

完成任务：
1. 前期的数据收集和整理，可以从哪几个方面进行？
2. 通过网络查询，了解目前常用的数字化智能选址平台。

实训评价

请扫码下载评价表，进行项目实训评价。

实训综合
评价表

自我检测

1. 数字化智能选址数据收集要素包括哪些？
2. 分析数字化智能选址的优势。
3. 目前市场上智能选址系统，除了帮助企业选址，还有哪些辅助功能？

习题小测

一、单选题

1. 数字化智能选址是一种基于（　　），通过分析市场及用户行为等多种指标，以挖掘出最优的选址决策的方法。

　　A. 数据分析　　　B. 人工智能技术　　　C. 客户服务　　　D. 网络技术

2. 数字化智能选址依赖于大量的（　　），可以基于真实的市场数据和用户行为来进行选址分析。

　　A. 数据收集和分析　　　　　　　B. 沟通服务
　　C. 智能化分析　　　　　　　　　D. 客户分析

3. 下列（　　）项不属于智能选址的优势？

　　A. 节省时间和成本　　　　　　　B. 可以辅助闭店决策
　　C. 模拟和预测功能　　　　　　　D. 助力选品

4. 下列说法错误的是（　　）。

　　A. 通过客群画像，可以了解商圈附近客群数量，基于常住人口情况判断客源，分析具体目标客群情况
　　B. 智能选址系统只能用于帮助企业选址
　　C. 数字化智能选址通常具备一定的模拟和预测功能
　　D. 数字化智能选址可以通过自动化的数据分析和模型建立，大大减少调研的时间和成本

5. 数字化智能选址通常具备一定的（　　）功能，可以在不同的选址方案之间进行比较和评估。

　　A. 评价　　　　B. 模拟和预测　　　C. 实施　　　　D. 辅助选择

二、多选题

1. 数字化智能选址需要在分析（　　）等多种维度的综合数据基础上，建立实时更新的选址决策模型。

　　A. 企业市场定位　　　　　　　　B. 用户地理分布
　　C. 竞争对手　　　　　　　　　　D. 服务沟通

2. 人群画像信息包括了以下哪几个方面？（　　）

　　A. 年龄分布　　B. 性别比例　　C. 婚姻状况　　D. 职业分布
　　E. 消费偏好

3. 数字化智能选址可以通过综合分析（　　）因素，得出更全面的选址评估和预测。

　　A. 人口密度　　B. 消费能力　　C. 竞争格局　　D. 交通便利性

任务二　数字化供应链网络

引导案例

数字化供应链成为工业 4.0 的核心内容之一

某大型乳制品企业正改变着祖辈传统的生产方式：为农场中的奶牛定制身份数码项圈，随时观察每头奶牛的健康以及饮食和运动情况，并将相关数据汇总到管理系统中；与此同时，自动挤奶系统观察记录着牛奶的品质，为检测提供依据。

在供应链的另一端，消费者只要掏出手机，扫描一下位于奶粉罐底的二维码，便可立刻获得关于这罐奶粉生产管控流程的全部信息，包括源头牧场的位置，当地空气和土壤的质量，运输流程，牛奶采集、生产、检测、出厂以及入关的准确日期等。

工作人员表示，新技术的应用提升了生产效率，更重要的是，为企业带来了声誉。"用户不仅买到了一罐奶粉，而且可以了解这罐奶粉背后所发生的故事。"

企业推出的这套产品信息溯源系统，是该企业推动供应链数字化变革的一项重要内容——通过大数据、沉浸式体验等数字技术，提升供应链的透明度和可靠性，满足消费者对产品质量可控性的需求。企业业务总监表示："实现'从牧场到餐桌全程管控'，是我们提出的核心竞争理念。未来，建立数字化供应链，将越来越成为企业保持竞争力的关键。"

供应链围绕核心企业，贯穿配套部件、中间产品以及最终产品，将供应商、制造商、分销商以至最终用户链接，成为一个整体的功能网络结构。其数字化变革，与工业和技术的整体发展密切相连。

当前全球供应链已进入新的发展阶段，最大特点就是进一步向数字化转型。其广阔发展前景的背后，是工业 4.0 技术的强大支持。数字化供应链与智能制造、智能服务以及数字化商业模式共同构成工业 4.0 的核心内容。

（资料来源：根据学习强国网相关资料整理）

【案例启示】

与传统线性结构的供应链不同的是，数字化供应链打破了以往供应链各环节的壁垒。通过超级数据分析，供应链的整体设计、可视物流、智能采购、智能仓储、智能零配件管理、自动投递等环节形成了一个完整的、网络状的有机生态系统。

【任务书】

1. 总结数字化供应链的优势，设计以数据为驱动的供应链的运作流程。

2. 设计数字门店下整合供应链的具体方案；对比传统零售模式，明确数字门店供应链模式的优势。

【准备工作】

1. 阅读任务书。
2. 搜集网络、视频资料，了解数字门店企业数据驱动下的数字化供应链网络。
3. 结合任务书分析数字化供应链网络构建的难点和常见问题。

学习任务的相关知识点

一、数字化供应链

以数据为驱动的供应链，依托全供应链数据的共享，将上下游的采购订单预测、生产订单预测、销售订单预测等环节打通，实现需求、库存、供应各个环节的透明和平衡，其供应链的运作流程如图 5-1 所示。

图 5-1 以数据为驱动的供应链的运作流程

在以数据为驱动的供应链中，任何一个环节都可以通过参考上下游的订单和需求来合理安排生产和库存，最终通过库存的透明管理实现零库存的目标。

数字化供应链使供应链中各个环节实体之间的实时数据得以相互连通，从而提升了信息的透明度，使数据供应链网络可以作为一个整体进行优化和升级，最终实现企业整体价值的提升。数字供应链全景如图 5-2 所示。具体来说，数字化供应链的优势有以下几个方面：

（1）永远在线。随着从实体世界到数字世界的持续流动的信息不断地驱动行动和决策，数字供应链网络永远不会睡着——它们"永远在线"，具备自适应的决策和变化能力。

（2）互联互通。超越传统障碍，破除信息孤岛，实现供应商、生产商、品牌商、零售商、物流方之间的合作，实现资产共享和大量数据共享。

（3）数据驱动智能。将可视化、优化、预测和人工智能纳入日常运营流程，以改进决策并持续优化和发展供应链。

（4）供应链透明管理。传感器和基于位置的服务可立即查看供应链网络的每个角落，从而允许从源头到客户跟踪产品。这种透明度提供了监控货物、动态路由、降低运输成本的能力。

（5）整体决策。职能孤岛和实体之间的实时数据和信息的透明度，使得数字供应链网络可以作为整体网络优化性能，而不是作为每个单独的职能或实体。

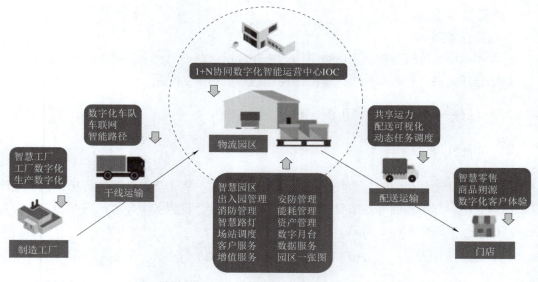

图 5-2　数字供应链全景

物联网和大数据技术的发展与应用为集成的数字化供应链的形成提供了技术支持。零售企业构建数字化供应链时，需要综合考虑行业特性及自身特点，选择适合自己的方式。

【见多识广】

物联网（Internet of Things）起源于传媒领域，是信息科技产业的第三次革命。物联网是指通过信息传感设备，按约定的协议，将任何物体与网络相连接，物体通过信息传播媒介进行信息交换和通信，以实现智能化识别、定位、跟踪、监管等功能。

二、整合供应链

过去的模式下，品牌企业借助规模经济效应，降低运输成本，同时广泛与批发商、零售商合作，形成范围效应，促使产品更便利地到达消费者手中。然而，在这一传统的价值链模式下，由于批发、零售、物流都由第三方负责，实际上品牌商直接接触消费者的机会相当有限，无法敏锐地把握消费者的需求与动态。

同时，由于渠道内的第三方能力参差不齐，导致对最终端的交付水平无法保障，存在各种信息孤岛，例如渠道库存、货物流向等信息的模糊都会对品牌企业的业绩和战略判断造成很大影响。

但在新零售的趋势下，其终极模式为一部分企业由生产中心转型为设计中心，实物的产品往往从供应商直达消费者手中，这一套直通直达的物流环节，改变了企业端对物流的诉求。

商品流通路径的演变与企业诉求如图 5-3 所示。

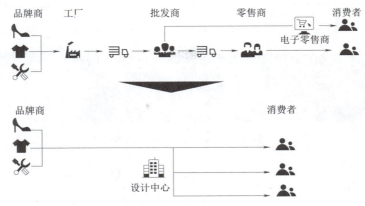

图 5-3 商品流通路径的演变与企业诉求

现实中,尽管销售渠道的整合尚未全面展开,领先的品牌企业已逐步尝试对下游的供应链进行整合来提高端到端供应链的透明度与服务水平。例如某电子消费品企业,花了数年时间对下游供应链进行整合,自建了 30 家以上的区域集中配送中心来替代分散的一级、二级经销商的物流体系。新建区域配送中心内的库存仍然属于经销商,进行虚拟库存所有权转移与调配,省去了诸多物理流通环节,使从集中式区域配送中心直接递送至零售终端成为可能,并且简化了信息反馈闭环流程。

三、第三方贸易和供应链物流平台

为应对企业端的物流需求,行业逐渐涌现出新的业务形态,即第三方贸易和供应链物流平台。依托数据和供应链资源,平台为众多中小零售店提供货品物流支持,实现直达消费者和降低库存目标。通过聚合数百万门店数据,平台可以精确了解终端消费者需求,从而指导采购和物流配送,剔除冗余中间商、分销商环节。贸易平台不仅起到自主订货、库存管理和收银结账的功能,同时也是财务报表的中立记账者,同时作为线上业务的营销工具。

智慧物流支撑智慧零售持续创新

对于厂商而言,通过向平台进行产品直供,可以提高商产流转效率、防伪防窜货;平台可以对进销存进行实时监控,且物流配送服务可以触及全国五六级城市及农村地区,远高于传统渠道的覆盖度。对于零售商而言,平台配合小型零售商设计和执行促销活动,提供海报、终端物料,部分起到聚流价值,地勤工作人员提供终端陈列指导,促销、选品指导等。

通过对大量门店数据进行整合和分析,第三方贸易平台可以精确地了解消费者的需求,从而为中小零售企业的商品采购和物流配送提供有效的指导。对于中小零售企业来说,第三方贸易平台不仅能够帮助它们剔除冗余的中间环节,还能为其提供自主订货、库存管理及货款结算、生成财务报表等服务,并且能够作为中小零售企业开展线上业务和进行营销推广的工具,如图 5-4 所示。

图 5-4 第三方贸易平台协助中小零售企业运营

素养园地

数字经济激发新活力

创新发展成为必然，尽管采取的方式不同，但发展数字经济已经成为我国零售业的共识。

近年来，我国在数字经济及其与实体经济的融合发展中取得长足进步。2021年，我国产业数字化规模达到37.2万亿元，同比增长17.2%，占GDP比重为32.5%；数字产业化达到8.4万亿元，同比增长11.9%，占GDP比重为7.3%。种种迹象表明，数字经济已成为推动实体经济恢复发展的重要形态和手段。

发展数字经济，为零售业转型指引了新方向。党的二十大报告提出，要加快发展数字经济，促进数字经济和实体经济深度融合，打造具有国际竞争力的数字产业集群。当前，信息技术已经成为传统零售企业的重要工具，从网络营销到直播带货，从移动支付到物流服务，数字化已经成为提升零售业竞争力升级服务和优化运营的关键，广大零售企业要充分运用数字化技术重构人、货、场，推动降本增效，提升服务质量。

（资料来源：根据《中国商报》相关资料整理）

任务实施

实训任务一：构建数字化供应链，提升企业商业价值

近年来，社区团购通过数字化、"无接触式"、即时性等优势获得了广大消费者的欢迎。社区团购的发展离不开数字化在其业务中的深度渗透：首先，各个社区团购平台已经实现全链路的数字化，从下单、仓库分拣到最后交付到消费者手中，每个环节都有数字化的深度参与；其次，由于社区化的消费场景对即时性和便利性具有较高的要求，各平台通过数字化管控的第三方配送在提升配送效率的同时保证了消费者的购物体验。

完成任务：

1. 根据社区团购的数字化供应链运作成果，总结数字化供应链的优势。
2. 请为某一社区团购平台设计以数据为驱动的供应链的运作流程。

实训任务二：整合供应链，提高端到端供应链的透明度与服务水平

假设你是某服装品牌的物流管理人员，需要对品牌下游的供应链进行整合，形成品牌影响力。同时，品牌商和企业借助规模经济效应降低物流运输成本。

完成任务：

1. 在网络上找一家具体的服装品牌商进行分析，对其供应链进行整合，设计整合方案并提出具体做法。

2. 对比传统零售供应链模式，数字门店供应链模式的优势有哪些？

实训评价

请扫码下载评价表，进行项目实训评价。

实训综合评价表

自我检测

1. 分析数字化供应链的优势。
2. 分析在数字门店模式下，商品流通路径的演变。
3. 第三方贸易平台如何协助中小零售企业运营？

拓展传统超市发展空间

习题小测

一、单选题

1. 零售企业应该坚持以（　　）为驱动,构建数字化的供应链网络。
   A. 数据　　　　　B. 服务　　　　　C. 客户　　　　　D. 商品

2. 依托物联网和大数据的支持,数字供应链网络永远不会睡着,并具备自主适应决策变化的能力指的是数字化供应链的（　　）优势。
   A. 永远在线　　　　　　　　B. 互联互通
   C. 数据驱动智能　　　　　　D. 供应链透明管理

3. 将可视化、人工智能技术管理纳入供应链的日常运营流程,为企业的决策管理提供指导,并持续优化和发展供应链指的是数字化供应链的（　　）优势。
   A. 永远在线　　　　　　　　B. 互联互通
   C. 数据驱动智能　　　　　　D. 供应链透明管理

4. 在数字门店模式下,一部分企业由商品生产中心转变为设计中心,商品可以从品牌商直达（　　）,这种直通直达的供应链模式改变了品牌商对物流的诉求。
   A. 销售企业　　　　　　　　B. 生产企业
   C. 消费者　　　　　　　　　D. 运输企业

5. 为了应对品牌商和企业在物流环节中的新需求,物流行业出现了（　　）这一新型业态。
   A. 生产方平台　　　　　　　B. 销售方平台
   C. 第三方贸易平台　　　　　D. 服务方平台

二、多选题

1. 以数据为驱动的供应链,依托全供应链数据的共享,将上下游的采购订单预测、生产订单预测、销售订单预测等环节打通,实现（　　）各个环节的透明和平衡。
   A. 需求　　　　　B. 库存　　　　　C. 供应　　　　　D. 服务

2. 数字化供应链的优势有（　　）。
   A. 永远在线　　　　　　　　B. 互联互通
   C. 数据驱动智能　　　　　　D. 供应链透明管理

任务三　数据化运营模式

引导案例

数字化为零售业升级赋能

技术的飞跃给消费行业带来一场大的洗礼,"新零售"光环犹未褪去,"数字化"又为零售业再添光彩。业内专家表示,对于零售业而言,数字化不再是远观趋势,而是常态战略;不再是新零售风口的注脚,而是传统企业转型升级的罗盘。

在百年未有之大变局下,零售业数字化对零售商和品牌供应商的赋能开启了全新的消费时代,而在这一变革中,消费者获得了更加多元的服务体验,进而实现了消费方式的转型升级。动动指头,点点手机,不一会儿新鲜的果蔬蛋奶就会送到家中,这在许多城市已经不是什么新鲜事。从逛超市到逛 App,在中国许多地方已经成为人们的一种新的日常生活习惯。

零售企业的数字化转型以及越来越人性化的到家服务为我们提供了更为优质的消费体验,也成为我国抗疫胜利的一大法宝。无疑,消费是我国经济增长的重要引擎,而数字化消费则成为这一领域新的增长极。未来的零售店铺一定是在数字化基础上对传统的供应链、传统的店铺资源进行了解构、重构,实现了简化、优化、一体化的实体的供应链网络,一定是一个线上线下都复用的高效率的供应链和实体店网络。

(资料来源:根据学习强国网相关资料整理)

【案例启示】

这是一个数据科技制胜的时代,也是一个重构数字战斗力的时代。零售企业必须对自己的系统进行全面的改造升级,而这个系统的本质就是以数字化时代的系统去替代过去的系统;数据化运营将成为零售企业经营价值核心,而这将驱动零售商业真正迈入智慧时代。

【任务书】

1. 根据大数据进行消费者画像绘制,设计针对品牌商品的消费者画像方案。
2. 能够利用数字化手段实现逛、看、试、结四个维度的人性化和智慧化的门店体验,搭建数字门店系统。
3. 进行运营数据分析,学习使用数据分析工具。

【准备工作】

1. 阅读任务书。
2. 搜集相关资料,了解数字门店企业数据化运营模式现状。
3. 结合任务书分析数字门店下数据化运营的难点和常见问题。

学习任务的相关知识点

零售业的数字化发展已经从线下信息化、线上电子商务化,进入线上线下全渠道数字化的新阶段。

一、消费者画像

在数字门店时代,营销的关键之一是通过精准定位目标消费群体来降低成本并提高效果。为了达到这个目标,可以利用大数据技术来获取消费者信息数据,并建立完善、详细的消费者画像。然后,通过分析消费者画像和消费行为轨迹,实现快速而精准的营销。

(一)消费者画像的类型

典型的大数据时代的消费者画像主要包括两类,一类是消费者的消费行为与需求画像,另一类是消费者的偏好画像。

1. 消费者的消费行为与需求画像

消费者画像

在电子商务高速发展的当今时代,消费者在网上购物会留下大量的数据痕迹,为企业提供了一个宝贵的了解消费者消费行为和需求的渠道。通过收集消费者的网购数据,并对其进行建模分析,企业可以获得关于消费者个体消费能力、消费内容、消费品质、消费渠道、消费频率等方面的信息。这样的分析可以帮助企业为每个消费者建立一个精准的消费行为和需求画像。

2. 消费者的偏好画像

随着互联网技术的不断进步,越来越多的人倾向于在网络上进行各种活动,这就构建了一个虚拟社会。虚拟社会可以看作是现实社会在网络世界中的映射和延伸,一个人在网络上的行为和偏好往往能够反映出他们在现实生活中的兴趣和喜好。例如,一个人在网络上经常阅读关于科技的新闻、观看与科技相关的视频,可能就说明他在现实生活中对科技领域比较感兴趣。或者一个人经常听某一类型的音乐,可能就说明他在现实生活中对该音乐风格有一定偏好。

(二)构建消费者画像的基本步骤

在互联网大数据推动数字门店发展的背景下,品牌商和企业需要迅速实现数字化转型升级,并构建消费者画像,以实现流量引导和客户获取。下面是构建消费者画像的基本步骤:

1. 明确消费者画像的方向和分类体系

在构建消费者画像时,需要明确希望了解的消费者方向和建立的分类体系。消费者方向可以包括但不限于以下几个方面:基本个人信息、购买偏好、消费行为、生活方式、兴趣爱好。而分类体系则是用来将消费者划分为一些有意义且可操作的细分群体。

通过明确消费者画像的方向,可以聚焦于特定的领域,深入挖掘消费者的需求和特点。

例如，如果目标是了解消费者在某特定产品类别下的购买偏好，那么可以收集关于他们的购买历史、品牌偏好、价格敏感度等相关信息。如果希望了解消费者的生活方式和兴趣爱好，那么可以收集他们的社交媒体活动、参与的活动、阅读的内容等信息。

而分类体系则是将消费者按照一定的规则进行分组，以便更好地理解和管理他们。可以将消费者细分为具有相似特征或需求的群体，从而更好地制定个性化营销策略和提供定制化的产品或服务。

2. 收集消费者信息

明确了消费者画像的方向，接下来就要收集消费者的相关信息。

（1）需要收集的消费者信息的主要内容。品牌商和企业在收集消费者信息时，应当以消费者为主体，而不是以自己的业务为主体。要站在消费者的角度，审视哪些信息可能与交易有关系。一般来说，品牌商和企业待收集的消费者信息主要有3种：

①基本面信息——姓名单位类、联系方式类、收入资产类、行业地位类、关系背景类。

②交易面信息——交易日常类、积分等级类、客服记录类、好评传播类、退货投诉类、竞争伙伴类。

③主观面信息——风格喜好类、品牌倾向类、消费方式类、价格敏感类、隐私容忍类、会员体验类。

（2）收集消费者信息的方法：

①调研和问卷调查：通过设计问卷或进行市场调研活动，向消费者提问并收集他们的个人信息、购买偏好、兴趣爱好等。

②历史数据分析：分析消费者的购买历史、网站浏览记录、社交媒体活动等数据，以获得对消费者行为和喜好的洞察。

③网络分析：通过分析消费者在网上的行为，如搜索记录、点击流数据等，了解他们的兴趣爱好和购买倾向。

④社交媒体监测：关注消费者在社交媒体上的活动，收集他们的言论、评论和分享，以了解他们的看法和需求。

⑤客户反馈：收集消费者的投诉、建议和意见，通过客服渠道、在线调查或反馈表单等方式获取消费者的实时反馈。

⑥数据合作伙伴和第三方数据：与数据合作伙伴合作，或使用第三方数据源来获取关于消费者的额外信息。

3. 构建标签体系，为消费者贴标签

消费者画像的核心工作是通过贴标签来描述和分类人群，以便更好地了解他们的基本属性、行为倾向和兴趣偏好等方面。这些标签是用简洁的关键词或短语来概括性地表示人群的某个维度。例如，学生、"90后"、"00后"、白领、单身等都是常见的消费者标签。

这些标签可以帮助企业更精准地定位不同消费者群体，并制定相应的营销策略和个性化的服务。通过对消费者进行标签化，企业可以更好地理解他们的需求和偏好，从而有针对性地开展产品开发、营销推广和客户关系管理等工作。

一般来说，为了全面、立体地描述消费者的特性，品牌商和企业可以从基础属性、社会/生活属性、行为习惯、兴趣偏好/倾向及心理学属性五个维度来构建消费者标签体系，具体的标签内容如表5-1所示。

表 5-1 构建消费者标签体系的维度及标签内容

维度	标签内容
基础属性	性别、年龄、地域、教育水平、出生日期、收入水平、健康状况等
社会/生活属性	职业、职务（如工程师、职员、管理者等）、婚姻状况、社交/信息渠道偏好、房屋居住情况（如租房还是自有房）、车辆使用情况（如有车还是无车）、孩子状况（如是否有孩子，孩子的年龄段等）
行为习惯	常住的城市、日常作息时间、常用的交通方式、经济/理财特征、餐饮习惯、购物习惯（如购物渠道、品牌偏好、购买的商品类型等）
兴趣偏好/倾向	浏览/收藏内容偏好（如浏览视频、文章的类型，浏览电视剧、电影的类型等）、音乐偏好（如音乐的类型、歌手等）、旅游偏好（如跟团游、自驾游、国内游、出境游等）
心理学属性	生活方式（如作息规律、喜欢化妆、喜欢素食、关注健身等）、个性（性格外向、文艺青年、特立独行、敢于尝新等）、价值观（如崇尚自然、勇于冒险、关注性价比、关注品质等）

确定了标签体系后，就可以为消费者贴标签了。同一个消费者可以贴多个标签，也就是说，消费者画像可以用标签的集合来表示，且各个标签之间存在着一定的联系。品牌商和企业在给消费者贴标签时，需要注意两点：一是贴标签时需要基于充分的数据和分析，确保标签的准确性和可靠性。同时，应遵循相关法律法规和道德原则，保护消费者的隐私和个人信息安全。二是这些大数据要具有针对性。例如，品牌商和企业不能通过某个消费者的某一次购买行为或者搜索行为，就断定该消费者是某种偏好人群，而要根据消费者多次的购物行为、消费占比、大部分人群占比等综合信息来进行判断。

4. 消费者画像验证

消费者画像验证的目的是评估已贴标签的准确性。准确性验证可以分为两类：基于客观事实和基于主观评估。

（1）基于客观事实的准确性验证。这类验证使用已知的标准数据集或可信数据源来检验模型对于某些属性或特征的准确性。例如，性别可以通过与标准数据集进行比对来验证模型的准确性。其他类似的属性，如年龄、地域等，也可以借助可靠的基准数据进行验证。

（2）基于主观评估的准确性验证。这类验证涉及那些难以用客观事实验证的消费者属性。例如，消费者的忠诚度是一种主观概念，没有明确的定义或可衡量的标准。在这种情况下，品牌商和企业可以运用有效的测试方法（如A/B测试）、调查问卷、用户反馈等工具来评估和验证标签的准确性。

【见多识广】

A/B 测试，简单来说，就是为同一个目标制定两个方案（比如两个页面），让一部分用户使用 A 方案，另一部分用户使用 B 方案，记录下用户的使用情况，看哪个方案更符合设计。

二、搭建数字门店系统

随着新业态和新场景不断出现，传统零售企业被迫加快转型的步伐。数字门店以满足消费者新需求、创造新体验为使命，成为拯救传统零售的救星。它提供了一种解决方案，能够帮助传统零售企业适应变化的消费者行为和趋势。

搭建智慧门店系统

数字门店采用先进技术和数字化手段，为消费者提供个性化的购物体验和无缝的服务。通过引入物联网、大数据分析、人工智能等技术，数字门店能够实时跟踪和分析消费者行为、偏好和需求，从而更好地理解消费者，并提供更精准的产品推荐和定制化服务。

此外，数字门店还提供了更便捷的购物方式，例如无人货架、自助结账系统等，极大地提升了消费者的购物体验和效率。同时，数字门店也可以通过线上线下融合的方式，打造多渠道销售和服务模式，进一步提升消费者的购物便利性和选择性。

（一）数字门店的优势

数字门店是在互联网数字化发展的推动下与传统线下实体店、人工智能、大数据应用以及自动化技术融合的产物，它系统地简化了消费者的购物流程，提升了门店的经营效率。通过数字门店系统，消费者在线上扫码即可购买商品，无须排队。品牌商和企业通过一个系统即可完成结算、库存和营销等一系列过程。具体来说，数字门店具有以下优势：

（1）个性化体验。数字门店能够通过消费者数据分析和人工智能技术提供个性化的购物体验。通过对消费者的购买记录、偏好和行为进行分析，数字门店可以提供更加准确的产品推荐和定制化服务，使消费者感到被重视，满足其个性化需求。

（2）数据驱动决策。数字门店利用大数据分析和实时监控技术收集和分析消费者数据，并将其转化为有价值的见解。这些数据可以帮助零售企业了解消费者行为趋势、产品偏好和市场需求，从而做出更加精准和及时的决策，优化运营策略和产品组合。

（3）融合线上线下。数字门店通过线上线下融合的方式，打破了传统零售的边界。消费者可以在店内体验产品，然后通过线上渠道完成购买，或者在线上浏览商品后选择到店实际购买。这种融合模式提高了购物的便利性和灵活性，同时也为零售企业创造了更多销售机会。

（4）提升运营效率。数字门店引入自动化技术和智能设备，例如自助结账系统、无人货架等，可以减少人力成本和排队时间，提高购物效率。此外，数字门店还可以实时监控货物库存和销售情况，优化供应链管理，避免库存积压和缺货现象，提升运营效率和成本控制。

（5）提供互动体验。数字门店通过增加互动元素和创新科技，为消费者创造更加丰富和有趣的购物体验。例如，虚拟试衣镜、增强现实技术、互动展示屏等，使消费者可以更好地了解产品特点，尝试不同风格的搭配，提升购物的乐趣和参与感。

（二）搭建完整的数字门店系统

一般来说，一个完整的数字门店系统由5个模块组成：

（1）数据采集与分析模块。这个模块负责收集门店各个环节产生的数据，如销售数据、库存数据、会员数据等。通过数据分析和挖掘，可以了解消费者的购买行为、偏好及趋势，为后续决策提供依据。

（2）智能营销与推荐模块。该模块利用机器学习和人工智能技术，根据消费者的个人特征和历史行为，提供个性化的产品推荐和营销策略。例如，基于购买记录的定向广告、个性化折扣活动等，提高营销效果和顾客满意度。

（3）无缝线上线下融合模块。这个模块确保门店的线上线下渠道无缝衔接，使得消费者可以在不同渠道间自由切换。例如，实现在线下门店浏览商品、线上下单、线下取货等跨渠道购物体验，提供更灵活的购物方式。

（4）运营管理与优化模块。该模块通过对门店运营数据的监控和分析，实时了解门店的库存情况、销售状况和顾客流量等。同时，结合供应链管理系统和人工智能算法，优化库存管理、补货规划和销售预测，提高运营效率和降低成本。

（5）互动体验与增值服务模块。这个模块通过引入虚拟试衣镜、AR/VR技术、智能导购机器人等创新技术，提供丰富的互动购物体验。同时，通过增值服务，如在线支付、会员积分、售后服务等，增强顾客黏性和满意度。

搭建一个完整的数字门店系统需要综合考虑以上5个模块，确保各个环节的协同运作和顺畅连接。此外，还需注意数据的安全和隐私保护，确保消费者对于数据的收集和使用持有信任感。只有系统的综合优化和合理运营，数字门店才能发挥其真正的价值，提升门店的运营效率和业绩表现。

三、运营数据分析

在数字化时代，生活中的各种活动、交易和互动都以数字的形式存在，并被记录下来。这些数字数据经过整理、分析和挖掘，可以揭示出隐藏在其中的规律和趋势。通过对数据的深入研究和分析，可以获取关于消费者行为、市场需求、产品偏好等方面的宝贵信息。

这些数据分析结果可以为企业提供重要的决策依据。例如，通过对消费者购买行为的分析，企业可以了解到哪些产品更受欢迎，从而调整生产和供应链策略；通过对市场趋势的分析，企业可以预测未来的需求变化，以便及时调整营销策略。

（一）零售业"人""货""场"三个维度的数据分析指标体系

无论是线上还是线下，"人""货""场"都是零售运营的核心要素。因此，零售企业进行运营数据分析也可以从这三个维度展开。

1. 与"人"相关的数据分析指标

"人"包括零售企业的员工和顾客。与"人"相关的常用的数据分析指标如表5-2所示。

表5-2 与"人"相关的常用的数据分析指标

"人"的类型	数据分析指标	指标含义	备注
员工	成交率	成交率=成交顾客数÷客流量×100%	可用于评价店铺或员工的销售效果，该指标的结果与商品陈列方式、商品销售价格、促销活动等因素都有关
员工	销售完成率	销售完成率=销售完成数÷目标数×100%	可用于评价店铺或员工的销售能力
员工	平均接待时长	平均接待时长=接待所有顾客花费的时间总和÷接待顾客数	可用于评价员工的工作能力
员工	平均成交时长	平均成交时长=促使顾客完成成交花费的时间总和÷成交顾客数	可用于考察员工的工作效率。在具体应用中，需要将该指标与客单价结合起来，通常来说，用最短的时间成交最高的金额的员工被认为是优秀员工
员工	投诉率	投诉率=发起投诉的顾客数÷顾客总数×100%	可用于评价员工的服务水平、商品的质量水平、店铺的服务水平等
员工	员工流失率	员工流失率=某段周期内流失员工总数÷〔（该周期初员工总数+该周期末员工总数）÷2〕×100%	反映店铺的管理水平、店铺的经营水平、店铺实施的某项政策对员工的影响程度等情况
员工	工资占比	员工工资占比=企业支付的员工工资总额÷销售额×100%	可用于评价店铺的人力成本情况、店铺的盈利能力、店铺的员工关怀情况
顾客	客单价	客单价=某个时间段内销售总金额÷有交易的顾客数	可用于评价店铺员工的销售能力、店铺内顾客的消费能力、店铺的销售能力等
顾客	件单价	件单价=某个时间段内销售总金额÷销售的商品的总数量	可用于评价店铺内商品的价值、员工的销售能力
顾客	连带率	连带率=销售总数量÷成交总单数×100%	可用于评价店铺的销售能力、店铺内商品的受欢迎程度
顾客	新增会员数	新增会员数=期末会员总数−期初会员总数	可用于评价某个时间段内店铺的经营效果、某项推广活动的效果

续表

"人"的类型	数据分析指标	指标含义	备注
顾客	会员增长率	会员增长率＝某时间段内新增会员数÷期初有效会员数×100%	可用于评价某个时间段内店铺的经营效果、某项推广活动的效果
	会员贡献率	会员贡献率＝会员产生的销售总金额÷销售总金额×100%	可用于评价会员质量、会员的消费水平等
	会员回购率	会员回购率＝某段时间内产生交易的老会员数÷期初有效会员总数×100%	可用于评价会员的活跃度、忠诚度
	会员流失率	会员流失率＝某段时间内流失的会员数÷期初有效会员总数×100%	可用于评价会员的忠诚度
	会员平均年龄	平均年龄＝所有会员年龄总和÷有效会员总数	可用于评估店铺顾客的年龄水平，了解顾客的心理状态、消费需求和消费行为特征

2. 与"货"相关的数据分析指标

"货"指商品，在零售业中，与商品相关的数据分析指标可以分为四个部分，即商品采购环节数据分析指标、商品供应链环节数据分析指标、商品销售环节数据分析指标、商品售后环节数据分析指标，具体数据分析指标如表5-3所示。

表5-3 与"货"相关的常用的数据分析指标

商品所处环节	数据分析指标	指标含义	备注
采购环节	广度	采购的商品类数，广度比＝采购的商品品类数÷可采购的商品总品类数×100%	可以反映商品品类的多样化程度
	宽度	采购的SKU总数，宽度比＝采购的SKU总数÷可采购的商品SKU总数×100%	代表了店铺内商品的丰富程度和店铺内商品可供消费者选择的程度。宽度越大表示该店铺内的商品可供消费者挑选的余地越大
	深度	平均每个SKU的商品数量，深度＝采购的商品总数量÷采购的SKU总数	代表了店铺内某类商品可销售的数量
	覆盖度	覆盖度＝有某款或品类商品销售的店铺数÷适合销售该商品的总店铺数×100%	适合连锁性质的品牌商和企业使用，可以用来衡量商品铺货率
供应链环节	订单满足率	订单满足率＝订单中能够供应的商品数量总和÷订单商品数量总和×100%	可用于评价仓库的缺货情况

续表

商品所处环节	数据分析指标	指标含义	备注
供应链环节	订单执行率	订单执行率＝能够执行的订单数量÷订单总数量×100%	可用于评价企业的储运情况
	准时交货率	准时交货率＝准时交货的订单数÷可以执行的订单数×100%	可用于评价企业供应链服务的效率
	订单响应周期	订单响应周期＝系统中确认收货时的时间－系统中下订单的时间	可用于评价企业的供应链运作效率
	库存周转率	第一种计算方法：库存周转率＝出库数量÷〔（期初库存数量＋期末库存数量）÷2〕×100%； 第二种计算方法：库存周转率＝销售数量÷〔（期初库存数量＋期末库存数量）÷2〕×100%	从实际运营来看，一般来说，一件商品只会被销售一次，但是如果某件商品被退货，则会出现一件商品被销售多次的情况
	平均库存	平均库存＝（期初库存＋期末库存）÷2	期初库存是指某个计算段内计算日期开始时的库存；期末库存为某个计算时间段内计算日期结束时的库存。期初库存、期末库存和平均库存是评价库存数量的重要指标
	库存天数	库存天数＝期末库存金额÷（某个销售期的销售金额÷销售期天数）	可用于衡量店铺是否有缺货的风险
	库销比	库销比＝期末库存金额÷某个销售期的销售金额×100%	一般用于年度指标
	有效库存比	有效库存比＝有效库存金额÷总存金额×100%	一般来说，有效库存是指能够给店铺带来销售价值的库存
销售环节	货龄	商品从生产开始之后的时间	一般来说，货龄越大、库存越大的商品是急需进行价格调整的
	售罄率	售罄率＝某段时间内商品的销售数量÷商品的到货量×100%	反映了商品的销售速度
	折扣率	折扣率＝商品实收金额÷商品标准零售价金额×100%	可用于评价店铺的利润水平
	动销率	商品动销率＝某个时间段内商品累积销售数÷商品库存数×100%	可用于评价商品销售与库存备货之间的匹配度
	当天缺货率	当天缺货率＝当天缺货SKU总数/当天销售SKU的总数	可用于评价商品销售与库存的匹配度

续表

商品所处环节	数据分析指标	指标含义	备注
销售环节	品类结构占比	品类结构占比 = 某品类销售额 ÷ 总销售额 × 100%	可用于评价店铺存货结构或店铺进货结构是否合理
	价位段占比	价位段占比 = 某个价位范围内商品的销售额 ÷ 总销售额 × 100%	可用于评价店铺内商品的定价是否合理
	正价销售占比	正价销售占比 = 按照正价销售的商品的销售额 ÷ 总销售额 × 100%	可用于评价店铺的利润水平,是员工销售能力和企业管理能力的综合体现
	商品现值	商品当前被消费者认可的价值	与货龄、库存和售罄率有一定的关系
	滞销品销售占比	滞销品销售占比 = 滞销品销售数量 ÷ 商品的总销售量 × 100%	可用于评价店铺的商品结构、商品的销售情况
售后环节	退货率	第一种计算方法:退货率 = 某个周期内退货的商品数量 ÷ 该周期内销售的商品总数 × 100%; 第二种计算方法:退货率 = 某个周期内退货的订单数量 ÷ 该周期内达成交易的订单总数量 × 100%	可用于评价商品质量、店铺和员工的服务水平等
	残损率	残损率 = 残损商品数 ÷ 商品总数 × 100%	是分析店铺销售利润的指标之一,也是分析供应链工作质量和效率的指标之一

3. 与"场"相关的数据分析指标

"场"包括线下实体门店和线上网店或官方商城,具体来说,与"场"相关的常用数据分析指标如表 5-4 所示。

表 5-4　与"场"相关的常用数据分析指标

"场"的类型	数据分析指标	指标含义	备注
线下实体门店	预测额	根据不同的依据形成的预测销售额度	可用于评估销售任务,制定销售目标
	进店率	进店率 = 进店人数 ÷ 路过人数 × 100%	可用于评价门店对顾客的吸引程度
	试穿率	试穿率 = 试穿商品的顾客数 ÷ 进店人数 × 100%	可用于评价商品对顾客的吸引力
	成交率	成交率 = 成交顾客数 ÷ 进店人数 × 10%	可用于评价员工的销售能力、顾客对商品的需求程度
	坪效	实体门店每坪的面积可以产出多少营业额。坪效 = 某个区域产生的销售额 ÷ 该区域面积	可用来评价某个门店或某个流程的销售效果

续表

"场"的类型	数据分析指标	指标含义	备注
线下实体门店	人效	人效 = 某个团队的销售额 ÷ 该团队人数	可用于评价某个团队的销售效率、门店的人力成本，帮助门店合理规划人力资源配置
线下实体门店	每平方米租金	每平方米租金 = 租金 ÷ 面积	可用于评价门店的成本、盈利水平
线下实体门店	净开店率	净开店率 =（开店数 − 关店数）÷ 期初店铺总数 × 100%	可用于评价实体门店的扩张速度
线上网店或官方商城	浏览量（PV）	店铺各页面被查看的次数	一个用户多次点击或者刷新同一个页面被记为多次浏览，累加不去重
线上网店或官方商城	访客数（UV）	某个时间段内全店铺各页面的访问人数	在所选时间段内，同一访客多次访问同一个页面会进行去重计算
线上网店或官方商城	访问深度	顾客一次连续访问的店铺页面数	可用来评价网店商品或页面对顾客的吸引力
线上网店或官方商城	跳失率	顾客通过相应的入口访问店铺，只访问了一个页面就离开的人数占通过该入口访问店铺的总人数的比例	是衡量网店转化率的重要指标
线上网店或官方商城	添加转化率	添加转化率 = 把某款商品添加到购物车的人数 ÷ 访问该款商品的总人数 × 100%	可用于评价某款商品对顾客的吸引力，也是评价某款商品订单转化率的重要指标之一
线上网店或官方商城	成交转化率	成交转化率 = 达成交易的人数 ÷ 访问总人数 × 100%	可用于评价网店的销售水平、某款商品的受欢迎程度

（二）科学的思维方式

思维方式对于解决问题的方法有着重要影响，特别是在数据分析领域。为了确保数据分析结果的科学性和可靠性，需要采用一种科学的思维方式。

1. 对比思维

对比思维是一种重要的思维方式，在数据分析中也很有价值。它通过将不同的元素进行比较和对照，可以更好地理解数据，识别模式和差异，并得出有意义的结论。例如，监控店铺交易数据、对比两次营销活动效果等，这些过程就是在做对比。品牌商和企业拿到的数据如果是独立的，就无法判断数据反映出来的变化趋势，也就无法从数据中获取有用的信息。

2. 拆分思维

拆分思维是一种将一个大问题拆解成若干个小问题，并对这些小问题进行逐一分析、解决的思维方式。在数据分析中，采用拆分思维可以更好地理解和管理数据，找出其中的规律、趋势和异常值。例如，为什么2023年12月12日的成交金额会比2022年12月13日的高，是当天购买的人数多，还是因为购买的人数少但会员购买的商品价格高呢？此时就需要用到拆分思维，将一些数据拆分为更加细分的数据，从细节之处寻找原因。

3. 降维、增维思维

降维思维是指将复杂的问题或数据集合简化为更低维度的表示形式。在数据分析中，降维思维常用于减少特征的数量或维度，以便更好地理解、可视化和处理数据。增维思维是指在问题或数据集合中引入新的维度或特征，以提供更全面、更丰富的信息。增维思维常用于处理数据稀疏、信息不足或缺失的情况，以便发现隐藏的规律和关联。

例如，在网店运营中，在分析某个热搜词的热搜度时，运营者可以从两个维度对该数据进行分析，一个是搜索指数，另一个是当前商品数。这两个指标一个代表需求度，一个代表竞争度，有很多运营者用搜索指数除以当前商品数得到倍数，用"倍数"来代表一个词的竞争度（倍数越大，说明该热搜词的竞争度越小），这种做法就是在增维。

【见多识广】

搜索指数是指一个关键词在搜索引擎中的搜索量。通俗地说，就是一个关键词被用户搜索的次数。搜索指数的高低可以反映出该关键词的热度和竞争程度。

4. 假设思维

假设思维是一种在缺乏完整信息或面临不确定性情况下进行推理和决策的思维方式。它基于设想一种可能性，并通过逻辑推理和实证验证来评估假设的可行性和有效性。

（三）经典数据分析法

经典数据分析法主要指通过概率统计、回归分析、分类方法、聚类分析等经典方法对数据进行分析的一系列方法。

（1）描述性统计分析：通过平均数、中位数、标准差、方差等指标对数据进行描述和总结，揭示数据的分布特征和基本趋势。

（2）探索性数据分析（EDA）：通过直方图、散点图、箱线图等图表，探索数据之间的关系和分布状况，发现数据中的模式、异常值等特征。

（3）频率分析：通过频率分布表、频率分布图等方式，显示分组数据的频率分布情况，进行变量的多维度比较和分析。

（4）因子分析：通过对变量之间的相关性进行分析，将多个观测指标归纳为较少的潜在因子，帮助探索变量之间的潜在结构和关系。

（5）聚类分析：将数据集合划分为不同的类别或群体，以揭示数据之间的相似性和差异性，从而帮助进行更精细化的分析和决策。

（6）回归分析：通过探索自变量和因变量之间的关系，建立线性或非线性回归模型，预测和解释因变量的变化规律。

（7）时间序列分析：对时间序列数据进行建模和预测，以揭示数据随时间的趋势、周期性等规律。

（8）假设检验：通过设定假设并进行统计检验，评估样本数据与总体数据之间是否具有显著差异，从而评估假设的可行性和有效性。

（四）数据分析工具

数据分析领域有很多常用的工具和软件，以下是一些常见的数据分析工具：

（1）Excel：Excel 是最常用的电子表格软件之一，提供了强大的数据处理、计算、图表绘制等功能，适合进行简单的数据分析和可视化。

（2）Python：Python 是一种广泛使用的编程语言，在数据分析方面有很多强大的库和工具，如 NumPy、Pandas 和 Matplotlib 等。它们提供了丰富的数据处理、统计分析和可视化功能。

（3）R：R 是专门用于统计分析和数据可视化的编程语言和环境。它拥有大量的统计分析包和图形库，广泛应用于学术界和数据科学领域。

（4）SQL：SQL（Structured Query Language）是用于管理和操作关系型数据库的标准查询语言。它可以进行数据提取、筛选、聚合等操作，支持复杂的数据查询和分析。

（5）Tableau：Tableau 是一种流行的数据可视化工具，可以通过简单的拖放操作创建交互式图表、仪表板和报告，帮助用户更直观地理解数据。

（6）MATLAB：MATLAB 是一种数值计算和科学编程环境，提供了各种工具箱和函数，适用于数据处理、统计分析、机器学习等领域。

（7）Power BI：Power BI 是微软提供的一套商业智能工具，可用于数据连接、转换、可视化和共享，支持实时数据分析和仪表板构建。

（8）SPSS：SPSS 是一种统计分析软件，提供了广泛的数据处理、统计分析、建模和预测功能，适合进行复杂的统计分析和实证研究。

每种工具各有优缺点，品牌商和企业在选择数据分析工具时应视情况、视侧重点来定。当然，选择一款合适、得力的分析工具，能够大大简化数据分析的繁杂工作，提高数据分析的效率与质量。

筑牢数字安全屏障

数据显示，2022 年，我国数字经济规模达到 50.2 万亿元，总量稳居世界第二。数字经济蓬勃发展的同时，数字安全问题不容小觑。非法获取个人信息、网络诈骗等违法犯罪活动，侵害个人财产和隐私安全；网络攻击、网络窃密等行为，给社会治理、国家安全带来挑战。

数字安全是指保护计算机系统、网络及其数据的机密性、完整性和可用性，以及防止未经授权的访问、窃取、破坏、篡改和泄露。数字安全涵盖了多个方面，包括计算机安全、网络安全、移动设备安全、数据安全等。科学平衡数据安全保护和数据有序流动之间的关系，是发展数字经济的重要前提。

数据是一种新型生产要素，具有非竞争性、无限供给、易复制、边际成本极低等属性。数据使用权和所有权分离、数据可用不可见、数据不动程序动、分享价值不分享数据等新的数据安全理念，有助于破解数据要素流动与隐私保护之间的矛盾。

人工智能的发展，激发数字安全应用潜力。从发展机遇看，人工智能给数字安全带来了三个转变：一是网络安全防御由被动变主动，有助于提升网络安全防御能力；二是网络安全运维从高成本变高效率，有助于提高网络安全运维的整体保障水平；三是网络安全人才由长周期培养变短时间胜任，有助于缓解人才短缺问题。

当前，数字安全的理念、体系、技术等也在逐步发生新变化。在产业数字化过程中，数字安全要实现政府、社会、企业等多方面协同，筑牢数字安全屏障，在考虑产品功能同时，也要重视数字安全的能力建设。

（数据来源：根据新华网相关资料整理）

任务实施

实训任务一：构建消费者画像，加快数字门店数字化转型

2020 年，某知名女装企业实现营收 90.57 亿元，同比增长 14%，净利润 7 亿元，同比增长 27% 的业绩。在疫情对服装鞋帽类可选消费的冲击之下，该企业的营收和利润的逆势上涨很大程度上源于企业的数字化转型。总结起来，企业的数字化创新有以下几个特点：

首先，调整目标群体，聚焦年轻消费者。企业锁定的年轻消费者主要是 18~30 岁的年轻消费者，这一群体对于设计感、个性有较高要求。利用大数据对消费者进行画像，准确了解消费者需求与偏好，与国内外景点 IP 合作制造联名爆款。其次，企业从全产业链端开启了数字化转型。在制造端，利用人工智能分析需求，持续精进柔性生产供应体系，改变了服装业传统的订货粗放的订货模式，减少生产过剩以及货物积压造成的价格、销售波动。此外，企业采取线上线下融合的模式拓展自己的数字门店业务。数字门店不意味着抛弃线下店面，而是通过 KOL 营销、直播带货、新品首发等线上线下融合的新模式，为消费者提供独特的消费体验和旅程。

完成任务：
1. 案例中女装企业是如何根据大数据进行消费者画像的？
2. 请你设计一套针对某一服装品牌的消费者画像方案。

实训任务二：搭建数字门店，实现门店运营效率和业绩的提升

数字化是某运动品牌"价值零售"最关键的组成部分之一。围绕消费者的需求，该品牌通过提升数据价值、融合价值、体验价值、文化与团队价值为消费者创造优质的零售体验。2018 年，品牌在三个一线城市开设了三个旗舰型数字门店，以数字化赋能零售，为消费者带来更加人性化和智慧化的购物体验。

作为数字化产业链的"排头兵",数字门店在洞悉消费者的偏好上下足了工夫。通过人工智能图像识别技术,消费者进店之后,在店内做出的拿起—试穿—购买等一系列行为都会被感知,品牌运用准确且及时的数据看懂消费者,从而更精准地为其提供服务。

数字门店能够帮助品牌洞察消费者,转化数据,提升运营效率。从逛、看、试、结四个维度升级人性化和智慧化的体验,同时也让品牌基于大数据来及时改善消费者的线下体验,提升管理效率。通过数据分析实施精准营销,能够提升消费者的到店率。

完成任务:

1. 根据案例中运动品牌数字门店的运营分析,如何搭建数字门店系统才能让数字门店充分发挥它的价值?

2. 你认为可以通过哪些数字化手段实现逛、看、试、结四个维度的人性化和智慧化的门店体验?

实训任务三:运营数据分析,用大数据指导商业行为决策

近年来,高国民度的某饮料品牌受到消费者的青睐。作为年轻的消费品牌,企业以数据为驱动进行产品研发、流量渠道布局、产品灰度测试,以及营销投放的搭建。该品牌的成功具备以下数字化转型的特点:首先,以年轻用户的喜好为核心,用产品来推导研发,在数据支持下通过快速试错、迭代、改进产品。其新品大量推广前都会经过内外部、线上线下的灰度测试。其次,在营销阶段,品牌秉持流量思维,通过在多个社交媒体流量渠道平台的内容互动,在用户中提升了影响力和品牌知名度。与此同时,其对年轻潮流趋势的洞察,使其制作出如樱花限定款等产品符合年轻人尝鲜、对产品颜值、健康需求上升的趋势。此外,生产方面,企业在积累了大量用户基础和数据优势下,加快自建工厂的步伐。自有工厂和独立的研发为品牌在供应链的掌控上赢得了更多的自主权并筑起企业"护城河"。

完成任务:

1. 案例中饮料品牌是如何进行运营数据分析的?
2. 在进行数据分析时,可以借助哪些数据分析工具?请具体学习一种。

实训评价

请扫码下载评价表,进行项目实训评价。

自我检测

1. 给消费者画像的基本步骤是什么?
2. 数字门店的优势有哪些?
3. 在进行数据分析的时候,需要注意运用哪些思维方式?

实训综合
评价表

习题小测

一、单选题

1. 企业通过搜集消费者的网购数据，对消费者的个体消费能力、消费内容、消费品质、消费渠道、消费频率等信息进行建模分析，可以为每个消费者构建一个精准的（　　）。

   A. 服务需求　　　　　　　　　　B. 消费行为与需求画像
   C. 类别分析　　　　　　　　　　D. 商品推荐

2. 品牌商和企业在收集消费者信息时，应当以（　　）为主体，而不是以自己的业务为主体。

   A. 消费者　　　B. 客户服务　　　C. 数据管理　　　D. 物流

3. 风格喜好类属于（　　）。

   A. 基本面信息　　B. 交易面信息　　C. 主观面信息　　D. 客观面信息

4. 消费者画像的核心工作是（　　）。

   A. 为消费者贴标签　　　　　　　B. 为生产企业贴标签
   C. 提高客户服务水平　　　　　　D. 降低成本

5. （　　）是在互联网数字化发展的推动下与传统线下实体店、人工智能、大数据应用以及自动化技术融合的产物，它系统地简化了消费者的购物流程，提升了门店的经营效率。

   A. 第三方贸易平台　　　　　　　B. 智慧数据分析
   C. 数字门店　　　　　　　　　　D. 智慧服务

二、多选题

1. 构建消费者标签体系的维度有（　　）。

   A. 基础属性　　B. 社会/生活属性　　C. 行为习惯　　D. 兴趣偏好/倾向
   E. 心理学属性

2. 一个完整的数字门店系统由（　　）组成。

   A. 客流分析　　B. 会员运营　　C. 远程巡店　　D. 智能导购
   E. 收银追溯

3. 零售企业进行运营数据分析也可以从（　　）展开。

   A. 人　　　　　B. 货　　　　　C. 场　　　　　D. 时

4. 在零售业中，与商品相关的数据分析指标可以分为（　　）。

   A. 商品采购环节数据分析指标　　　B. 商品供应链环节数据分析指标
   C. 商品销售环节数据分析指标　　　D. 商品售后环节数据分析指标

5. 零售企业常用的数据分析方法有（　　）。

   A. 概率统计　　B. 回归分析　　C. 分类方法　　D. 聚类分析

项目六

体验场景构建

学习任务

在新零售环境下，门店面临着转型升级之路。首先要将消费者的体验感放在第一位，进行消费者体验升级。通过搭建基于消费者体验的场景、增设互动式体验环节是获得核心竞争力的有效方法。所以门店要改变传统的经营思维，从经营商品向经营消费者关系转变，进而营造更具互动性、体验性的零售氛围；打造基于线上线下融合的全渠道的商业模式，为消费者创造全新的购物环境和体验；门店在数字化进程中一定要考虑消费者的消费心理需求，以互动式体验、沉浸式体验来激发他们的购买欲望。

教学目标

【能力目标】

1. 能准确指出各种零售渠道及其特点；

2. 能基于提升消费者体验的角度来设计商品的陈列布局；
3. 能为线下门店设计出至少两个互动式体验的形式；
4. 能够构建出一套完整的门店"五感"体验场景。

【知识目标】

1. 掌握全渠道零售的概念与特征；
2. 熟悉六种常用的零售渠道；
3. 熟悉商品陈列布局的关键；
4. 熟悉快闪店的主要类型；
5. 掌握互动式体验的类型。

【素养目标】

1. 培养学生"从全局出发看问题"的思考方式和行为准则，不拘于一时的得失，而是从长远、大局着手来全面处理问题。
2. 引导学生树立不计较一时得失的不服输、不怕苦、勇于负责、善谋善为、锐意进取的新时代"匠人"精神。
3. 树立学生精诚团结、济弱扶倾的担当精神。

思维导图

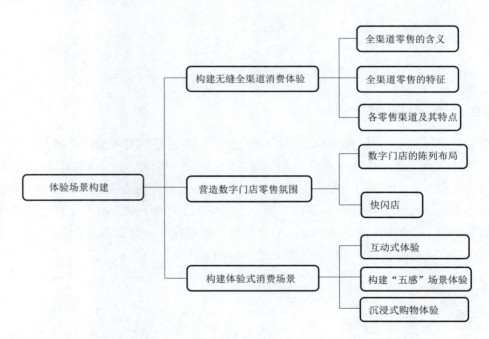

任务一　构建无缝全渠道消费体验

引导案例

线上热闹、线下沉浸、国货崛起　全渠道零售时代感受经济"脉动"

作为观察消费市场的重要"窗口",2023年"双十一"大促步入第15个年头。消费回归理性,消费需求更加细分、垂直,消费更趋分散化、个性化、智能化、体验化,高品质产品呈爆发式增长。"双十一"的诸多变化折射出消费之变,消费者正在感受线上线下大促背后的经济"脉动"。

"双十一"线上预售活动10月中下旬如火如荼开启。线下实体商超推出各类优惠措施,通过加强沉浸式体验提升消费意愿。消费端智能化体验化产品呈爆发式增长。电商平台数据显示,能够提升居家生活体验感的智能家居产品销售增长明显,其中,智能门锁、智能升降桌等产品成交额均较2022年同期有超过100%的增长。

健康消费名列前茅。数据显示,2023年"双十一",运动户外行业呈爆发式增长,骑行、滑雪、户外鞋服类产品同比销售增长达300%。在各大电商平台上,国货品牌备受消费者追捧。数据显示,这个消费旺季,全品类统计中,网络零售额排名前20的品牌中,国产品牌占据11席。

资深电商人士郑辉认为,线上和线下未来趋势一定是融合的,消费者不仅有线上的需求,同时有线下体验的需求,线上线下加速融合更好匹配消费需求。中南财经政法大学流通经济学教授黄曼宇认为,我们现在已经到了全渠道零售的时代,通过场景创新、业态创新,让消费者到线下有了更多沉浸式体验,能够繁荣当地的商业,带动社会消费品零售额的增长,特别是对于服务类的产品有促进作用。

(资料来源:根据中央广播电视总台新闻报道整理)

【案例启示】

全渠道零售是指企业采取尽可能多的零售渠道类型进行组合和整合(跨渠道)销售的行为,以满足消费者购物、娱乐和社交的综合体验需求。全渠道零售时代,数字门店面临着创新升级消费体验的任务,特别是国货崛起,新生代逐渐成为消费主力的背景下。数字门店需要依托线上大数据的支撑,"把脉"消费者新需求,依靠个性化柔性定制等方式来精准匹配相关需求。

【任务书】

1. 列明可选择的零售渠道。
2. 根据企业所处行业的特点选择线上、线下零售渠道,进行全渠道零售方案设计。
3. 迎合消费者需求,进行全渠道推广,提升消费者体验,促进消费者购买。

【准备工作】
1. 阅读任务书。
2. 搜集资料,查阅经典的企业全渠道运营的案例。
3. 任选一家企业,指出该企业在全渠道运营中使用了哪些零售渠道。

学习任务的相关知识点

一、全渠道零售的含义

(一)全渠道零售的概念

全渠道零售,就是企业为了满足消费者任何时候、任何地点、任何方式购买的需求,采取实体渠道、电子商务渠道和移动电子商务渠道整合的方式销售商品或服务,提供给消费者无差别的购买体验。

实体渠道的类型包括实体自营店、实体加盟店、电子货架、异业联盟等,电子商务渠道的类型包括自建官方 B2C 商城、进驻各类第三方电子商务平台,移动商务渠道的类型包括自建官方手机商城、自建 App 商城、微商城、进驻第三方移动商务平台等。

(二)全渠道零售的演变历程

全渠道零售是从单渠道、多渠道、跨渠道发展演变而来的。

最开始,单渠道模式下零售商仅通过单一渠道销售商品或服务,地理覆盖范围较小。

多渠道模式虽突破了时空限制,地理覆盖范围大,但这些渠道以一种仅仅是并行而非协调的方式运作,既不允许客户触发它们之间的任何互动,也不允许零售商控制它们的整合。

跨渠道模式由多渠道模式演变而来,整合不同的渠道,实现协同的渠道战略,允许客户发起渠道互动及在产品、支付、搜索等环节的跨渠道整合。这种跨渠道和多渠道视角的差异表明了渠道整合和协调的重要性。

全渠道模式也是由多渠道模式演变而来的,是指通过尽可能多的渠道类型满足消费者的多样化需求,包括实体渠道店铺、展厅等和虚拟渠道网络平台、微信、微博等社交平台类型。零售商通过集成所有渠道,使得消费者在购物全过程中可以通过渠道组合和整合满足自身需求,致力于提供一致可靠的无缝集成服务。

素养园地

爱国商人张启垣的故事

1898 年,21 岁的张启垣在周村大街开了一家叫作东元盛的小染坊,业务是代客染丝线,不过六七人的规模。为摆脱当时洋布行的控制,张启垣于是决定自染自销,在来料加工的同时，自己买布、自己染、自己卖，这样收益果然多了起来。

1916年，周村发生兵乱，张家举家迁到济南。在济南，张启垣发现市场上白布价高，旺季还难买，不如自己织布。于是采取自己买纱委托农户加工织布，然后自染销售的方式——由染坊到自织自染自销再到后来的机器化生产，东元盛由此而进入一个长盛不衰的发展时期。

东元盛的兴起引起了日本帝国主义的注意，日本人先是抛出巨额的经济利益加以利诱，张启垣丝毫不为所动；而后日本人又逮捕了他的两个儿子企图威胁他。但是无论是威逼与利诱，张启垣始终从民族大义的大局出发，始终没有与日本人合作。1942年，张启垣去世后，他的儿子继承了他的遗志，继续振兴民族工业。中华人民共和国成立后，为了支援抗美援朝，他的儿子向志愿军捐赠了一架飞机。

张氏父子始终从大局出发，不拘于一时得失，成为一代商业的传奇人物。

（资料来源：根据《齐鲁晚报》相关文章整理）

二、全渠道零售的特征

从单渠道、多渠道到跨渠道模式，零售门店的经营策略已从以自身为出发点转变为以消费者为中心，通过多渠道触达并集成多渠道功能，允许消费者发起渠道互动和整合。同时，消费者从对单一渠道大众化商品或服务的需求升级为多渠道个性化商品或多元化服务的需求，但在零售环境下这些商品或服务的提供还存在一定程度的局限。

全渠道零售的特征

全渠道商业模式的出现正是为了满足消费者在服务流程、商品需求、购物模式以及服务体验等方面全方位不断升级的购物需求，具体特点如下：

（一）服务流程全线性、全程性和全面性

1. 全线性

零售渠道由单渠道转向多渠道，实现了实体门店渠道、电子商务渠道、社交媒体渠道、短视频渠道等多渠道下的线上线下渠道的全覆盖。

2. 全程性

从消费者的角度来说，整个购买流程包括产生需求、寻找商品、选择商品、下单、支付、提货或收货、使用商品、反馈等环节；从零售企业的角度来说，与消费者购买流程相对应的销售流程包括触发需求和导入客流、展示商品、说服购买、接受订单、收款、订单履行或送货、售后服务、反馈回应等环节。在全渠道零售中，零售企业必须要全程保持与消费者的零距离接触，以更好地满足消费者在购买流程各个环节中的需求和体验。

3. 全面性

在消费者的购物过程中，门店需要收集并分析消费者在各个渠道中购物全过程的数据，了解和掌握消费者的购物行为特征，并在消费者的购物过程中与其互动，及时为消费者提供个性化的建议，提升消费者的购物体验。

（二）在商品需求上，呈现出个性化和多元化

消费者不仅是信息接收者，更是信息的使用者，主动通过线下展示、体验和线上评论、比价等方式搜寻商品多维信息，通过定位技术服务获得周边服务信息，基于个人的行为习惯、偏好进行个性化选择。同时，由于在线网络的引入使得门店提供的商品种类不再受到实体店的限制，门店可提供的商品种类得到快速增长，为消费者提供更加多元的商品选择。

（三）在购物模式上，追求便利化和多样化

随着线下渠道和线上渠道的多样性以及手机和平板等移动终端的移动性，消费方式从定点向不定点转化，消费者可以购物的渠道逐渐由线下转移到线上，由PC端转移到移动端。定位技术服务、移动支付以及大数据技术使得全渠道零售和购买变得更加智能和便捷，不满足单一渠道购物的消费者通过整合实体门店、网店和移动商店等多渠道获取信息并进行购买。

（四）在服务体验上，寻求一致性和可靠性

消费者购买时空不受限制，可以随时随地在多渠道比较，选择任何一种履行方式，因此对于零售门店线上和线下渠道提供一致、可靠的商品或服务的要求也在提高，无缝集成的闭环购物体验有助于降低购物风险和成本，消费者购买意愿更高，消费流失减少。因此，零售门店在进行全渠道商业模式的战略布局时，需结合自身规划和发展阶段，同时根据市场环境及消费者需求的变化作调整，以满足消费者的要求，提高自身的核心竞争力。

三、各零售渠道及其特点

（一）线下实体门店

实体店是网络购物后出现的名词，线上商城为虚拟店铺，相对地在现实中的店就称为实体店了，通俗点说逛街逛的就是实体店，包括现实中市场、商业区、学校、夜市、车站码头、游乐场的店面及固定店面。

随着各类技术的发展，线下实体门店也在不断迭代升级，呈现出数字化、场景化、智能化的趋势，能够为消费者带来更好的消费体验。实体门店越来越成为线上网店的支撑。网络销售最大的缺陷是消费者的承认度比较低，这与消费者的消费习惯有关。很多消费者已经习惯了看到商品再给钱的消费习惯，在没有看到商品之前就给钱，心里不踏实，这也是消费者对网上商城不放心的根本原因。所以，如果网店有实体店支撑的话就会好很多。新客户，特别是对网络的诚信度有怀疑的客户在网上了解到商品之后，可以到实体店现场选购，打消疑虑，购买成功的可能性就会很大。

（二）电子商务平台

电子商务渠道是品牌商和消费者使用频率很高的线上渠道，包括企业自建电子商务网站和入驻第三方电子商务平台。随着移动互联网技术的迅速发展，电子商务渠道从 PC 端扩展到移动端，从网页延伸到 App。与其他渠道相比，电子商务渠道具有以下特点：

1. 平台类型多样化，流量大

电子商务平台的类型多种多样，除了传统的第三方电商平台，还有以拼团为特色的电商平台，此外还有精选电商。这些电商平台都有着巨大的流量，是流量的聚集地。

2. 满足消费者的个性化需求

随着消费需求日益多样化，为消费者提供个性化商品或服务、精准对接消费者需求是各大电商平台开展差异化运营的关键。不同的电商平台依托各具特色的商品，满足了不同消费者的需求。

3. 商品展示方式多样化

各类电商平台不仅能以图文的方式对商品进行展示，还能以短视频的方式让商品获得更加立体、直观的展示。

（三）内容分享型平台

现在很多消费者并不是为了购物而购物，他们更愿意通过分享的方式向其他人推荐好物，而品牌商也愿意通过深挖商品特点，以内容分享的方式来吸引消费者，这些因素催生了内容分享型平台。其特点如下：

1. 注重内容分享

在内容分享型渠道，内容的重要性被放大。除了首页上方的电商类目导航，还设置了类似直播、达人分享等板块，全方位、多角度地为消费者展示内容。

内容分享型渠道为消费者提供了一个可以分享购物体验的专业社区。在这个社区中有各类消费者分享自己对商品的体验和感受，这些分享可以有效地帮助其他消费者解决在选择商品时遇到的各类问题。在购买商品时，消费者可以根据自己的需求选择同类商品进行参考，也可以咨询其他消费者。通过参考其他人的分享，消费者就可以找到最适合自己的商品。

2. 深挖商品特点

内容分享型平台更加注重深挖商品的特点，通过参考其他消费者对商品特点的分析与分享，消费者可以从海量商品中找到最适合自己的某款商品。也就是说，通过深挖商品特点和内容分享，内容分享型平台可以让消费者花最少的钱买到最适合自己、性价比最高的商品。

（四）短视频平台

移动互联网技术的发展催生并推动了短视频App的快速发展，一些短视频平台也成为一些门店进行直播带货和商品宣传的主要渠道之一。短视频平台具有以下特点：

1. 流量大、传播范围广、速度快

短视频平台上聚集了大量的用户人群，已经成为一个超级流量池。通过短视频，可以让内容在十几秒内传播至所有网络能够覆盖的地方。利用短视频平台，商品能够在一夜之间被全国的消费者所知晓，所以它们已经成为让商品得以快速传播的有效渠道。

2. 强大的带货能力

海量的用户让短视频平台拥有强大的变现基础，特别适合打造爆品。通过名人推荐商品和用户自发上传商品，快速打造爆款商品成为短视频平台的特色。

（五）O2O平台

O2O平台能够为消费者提供吃、穿、住、行等生活各领域的服务，不仅带动了门店销售额的快速增长，也为消费者节省了更多时间。O2O平台具有以下特点：

1. 直接连接消费者

O2O平台注重吃、穿、住、行生活各领域的团购，有些平台甚至把重点放在外卖垂直领域，为消费者提供外卖到家服务，消费者可以通过点评直接为商家打分。这种模式让千万家餐饮门店直接触达消费者，餐饮品牌可以和消费者实现直接连接。有些平台则通过消费者的内容分享，吸引其他消费者到店体验。

2. 注重消费者体验

O2O平台更加注重消费者体验。随着时代的发展，人们的时间越来越碎片化，对服务效率的要求也越来越高。因此，O2O平台的一个重要任务就是提升效率，让消费者能够随时随地轻松购物，享受高效率的生活服务。

（六）社交媒体

社交媒体是人们彼此分享意见、见解、经验和观点的工具和平台，例如社交网站、微博、微信、论坛等。如今社交媒体俨然已经成为消费者获取信息的主要渠道之一，也成为众多企业开展营销活动的重要渠道之一。

社交媒体与电子商务的融合形成了社交电商。社交电商是指借助社交网站、微信、微博等社交媒体的传播途径，通过社交互动、用户自生内容等手段来辅助商品的购买和销售行为，并将关注、分享、沟通、讨论与互动等社交化的元素应用于电子商务交易过程的模式。从消费者的角度来说，社交电商能让消费者在购物的过程中，通过即时通信、论坛等方式与商家交流与互动，还能在购买商品后评价与分享；从门店的角度来说，社交电商就是通过应用社会化工具以及与社会化媒体的合作来完成销售和推广等业务。

1. 获客成本低

社交电商注重人与人之间的沟通，借助人与人之间的信任与强社交关系形成引流和层层裂变，从而形成巨大的社交网络，然后在社交网络中获得消费者，并沉淀忠实粉丝。例如，消费者在某个平台上看中了一条裙子，并将其直接分享到自己的好友群，对这件商品有兴趣的好友看到之后就会主动购买。这种传播方式大大地节省了企业的时间、人力与推广成本。

2. 即时性，裂变式扩张

社交的核心是人与人之间的信任，社交电商是在信任的基础上形成的交易模式。社交电商的购物圈是沿着社交工具中人与人之间的关系链进行拓展的，由此可以实现商品信息的即时推广和裂变式扩张，从而吸引更多的流量。

任务实施

实训任务一：分析某企业全渠道零售，设计门店全渠道零售策略

随着2022年年底疫情管控放开，国人返乡热情高涨，2023年春节送礼需求增势明显。某连锁水果店年货节期间，水果礼盒装总销量超134万个，贡献金额超3亿元，同比增长21.4%。为了满足消费者更便捷、更个性化的购买，该连锁水果针对消费者需求定制了不同的春节礼盒装，如单品礼盒、成品礼盒、小件购、组装礼盒等，并在全渠道上架销售。消费者可以通过门店、App上的及时达和次日达商城、微信小程序以及第三方渠道等渠道下单。

"好吃"是该连锁水果店的品牌战略，也是它的核心价值。这几年春节，针对好吃，该连锁水果店持续推出"把好吃带回家"营销。今年，由营销团队策划并拍摄制作的"把好吃带回家"暖心视频，聚焦疫情后的烟火气息，随机采访小摊贩以及路人，就2022年以及回家等话题讲述感受，引发大家对家乡的思念、对"好吃"的美好回忆。视频在新媒体渠道发布后，触动了无数网友，截至目前该视频总曝光量近500万次。

完成任务：

1. 从案例中找出该连锁店使用的零售渠道。
2. 先分析该连锁水果店全渠道零售的做法，然后为一家社区水果店设计一套全渠道零售的方案。
3. 先分析该连锁水果店的全渠道推广策略，然后为上述社区水果店制定线上推广方案与策略。

实训任务二：分析企业全渠道推广策略，设计某超市的社区全渠道推广策略

为了进一步推广自己的品牌，企业建立了微信公众平台。而很多忠实消费者为了能够早一点获得优惠、促销信息，开始纷纷关注企业的微信。企业在线上展开了一系列关于促销活动的积极宣传，给用户在微信上发送一些优惠信息，与用户进行互动。

此外，为了让公众号的推广更加有成效，所以也不放过线下的推广。企业在线下展开了积极的推广活动。首先，将微信公众号的二维码印在了各种宣传单、包装盒上，这样消费者在拿到任何关于企业的实物时，都会发现这个二维码，只要拿起手机轻松扫一扫就可以添加企业的公众号。其次，企业还通过一些宣传活动将二维码贴在了快递物流等设施中。这样也能让消费者看到这个二维码，从而为微信公众号的推广做好了准备。

完成任务：
1. 企业使用了哪些渠道进行推广？
2. 请结合企业的经验，为社区一家刚成立的超市设计一个全渠道的推广方案。

实训评价

请扫码下载评价表，进行项目实训评价。

实训综合
评价表

自我检测

1. 全渠道零售的特点有哪些？
2. 请列举出所有的零售渠道。
3. 什么是内容分享平台？请举出一个例子。

习题小测

一、单选题

1. 企业采取尽可能多的零售渠道类型进行组合和整合销售的行为,以满足顾客购物、娱乐和社交的综合体验需求,这属于(　　)零售形式。

　　A. 全渠道　　　　　B. 单渠道　　　　　C. 多渠道　　　　　D. 跨渠道

2. (　　)渠道具有类型多样化、流量大、满足消费者个性化需求的特点。

　　A. 线下实体门店　　B. 电商　　　　　　C. 内容分享型　　　D. 短视频

3. 全渠道零售是由(　　)转化而来的。

　　A. 单渠道　　　　　B. 多渠道　　　　　C. 跨渠道　　　　　D. 复合渠道

4. (　　)平台注重吃、穿、住、行生活各领域的团购,有些平台甚至把重点放在外卖垂直领域。

　　A. O2O　　　　　　B. B2B　　　　　　C. B2C　　　　　　D. C2C

二、多选题

1. 以下属于电子商务平台特点的是(　　)。

　　A. 平台类型多样化,流量大　　　　　B. 满足消费者的个性化需求

　　C. 商品展示多样化　　　　　　　　　D. 以女性消费者为主要服务群体

2. 以下属于全渠道零售中的零售渠道的是(　　)。

　　A. 电商平台　　　　　　　　　　　　B. 线下实体门店

　　C. 内容分享平台　　　　　　　　　　D. 直播销售平台

任务二　营造数字门店零售氛围

引导案例

"氛围感经济"解锁消费新场景

近年来，大众消费逐渐呈现出更加在意自我、关注内心世界的特征，氛围感、情绪价值对消费体验而言尤为重要。从露营徒步到围炉冰茶，从在自然中探寻内心到享受舒适居家环境……追求氛围感，正成为一种日渐盛行的消费方式，解锁更多消费新场景。

邀上好友体验围炉冰茶，享受精致的露营、潇洒的旅行，回归温暖的居家环境……近年来，大众消费逐渐呈现出更加在意自我、关注内心世界的特征，氛围感、情绪价值和内心舒适度日渐成为消费体验中的重要指标。

一壶热气腾腾的暖茶在炭火的炙烤中沸腾，上下翻动的茶叶缓缓舒展，阵阵茶香扑面而来……去年冬天，围炉煮茶一经推出，便成为茶饮消费市场的新宠。如今，盛夏已至，围炉"冰"茶代替"煮"茶登场。清幽的环境、爽口的茶水，围炉冰茶干冰带来的雾气缭绕间，给消费者带来一抹夏日清凉，对抗似火骄阳。

通过亲近自然追寻内心的宁静氛围，是近年来人们在工作之余追求精神"治愈"的一种方式。城市里的公园、家门口的草坪、近郊的露营基地，都成为人们亲近自然的场地，带有氛围感的消费场景逐渐催生出新的消费形态。

不仅在户外，越来越多的人也在追寻更具氛围感的居家环境，营造一方独属于自己的小小天地。电商平台上，氛围灯、香薰、音箱等"氛围感好物"销售热度快速上升。"氛围升级"是零售行业消费的一大趋势，消费者希望能打造更"超感立体"的沉浸式体验倾向，从美好小物扩展到全方位的情境营造与搭建。

从露营徒步到围炉冰茶，从在自然中探寻内心到追求舒适居家环境，氛围感消费背后是人们对情绪价值的关注。情绪价值促成的感性消费决策及其所引发的相关消费行为，正在创造出一个又一个新的消费增长点。

（资料来源：根据《工人日报》相关报道整理）

【案例启示】

现如今越来越多的品牌和商品选择注重营造门店的氛围，提升消费者购物体验感，以吸引、留住顾客。快闪店作为一种新出现的营销工具，能够在短期内聚集较高人气，形成热点。此外，通过合理布局门店，使实体门店的功能由陈列商品转向营造氛围。

【任务书】

1. 设计、营造门店氛围，增强顾客体验感，满足顾客需求。
2. 重新设计门店陈列布局，由陈列商品转为营造氛围。
3. 在合适的时机、合适的地点设立快闪店，进一步烘托氛围，提升顾客的购买力转化和忠诚度。

【准备工作】

1. 阅读任务书。

2. 到一些知名实体店、大型商超去考察商品陈列是否营造零售氛围，快闪店的设置是否合理、令人印象深刻。

3. 对实地考察中发现的问题进行分析。

学习任务的相关知识点

一、数字门店的陈列布局

随着国内连锁门店的普及、人力成本上升和竞争加剧，经营利润下降的情况普遍存在，优化商品陈列布局吸引顾客及提高工作人员效率已经成为门店的重要发展手段，目前在连锁门店布局和商品陈列设计过程中还存在以下问题：受限于实地方式，大量的时间和精力用于往返现场和准备实物商品；缺乏足够的设计人员到现场，因地制宜进行店面布局和商品陈列设计；受困于无法及时对巨大数量的门店布局和商品陈列进行持续优化。

（一）门店陈列布局的关键

在大数据与人工智能技术日益普及化的当今社会，各数字零售门店需要使用这些先进的技术手段高效地对零售店的店面布局和商品陈列进行优化管理。在新零售业态下，人、货、场的关系实现了从"扩张为王""渠道为王"的"场货人"到"消费者为王"的"人货场"的转变。于是，新零售时代品牌商和零售商不仅需要精准把握消费者需求，还需要具备第一时间拦截和满足需求的能力。

门店陈列布局的关键

消费者的消费需求及门店的经营理念发生变化，使得实体门店的功能由陈列商品转向营造氛围。面对消费者越来越多地体现出的对个性化商品和增值服务的需求，很多零售商相继推出了新的商品展示概念。以美妆行业为例，实体门店展示中的"商品陈列导向"逐渐升级为"氛围体验导向"，凡此种种，都是为了给消费者营造一种差异化的店铺氛围，满足其个性化的体验式服务需求。

（二）提升门店陈列布局的具体方式

1. 营造消费者体验氛围

纵观整个零售行业的发展脉络，直接与消费者接触的实体门店从一开始的单纯注重商品的大面积陈列，逐渐延展至商品品类及展示区域多维度、多角度的规划。在实体门店的设计中，视觉、听觉、嗅觉、味觉、触觉这五感体验的设计越来越受到重视，零售终端升级的核心聚焦到消费者的消费体验上。

在过去，实体门店的作用只是陈列商品，缺乏与消费者在交易前后的互动和交流。而在新零售模式下，实体门店可以从消费者体验的角度出发，利用智能互动技术打破原有的静态展示商品的模式，与消费者产生动态深入的交流。此外，实体门店还可以通过构建故事化的场景，让品牌渗透到消费者的购物地图中，从而让消费者对商品、品牌形成全方位、多维度、深层次的认知，让他们习惯乃至忠于品牌，最终助力品牌传播及品牌销售业绩的提升。

2. 商品陈列要围绕消费者来进行设计

（1）合理设置消费者"缓冲区"。在一些大型的销售场所，可以在大门口看到奢侈品店、珠宝店，但是并不是表明消费者一进门就要购买珠宝，而是一种"缓冲区"的手段。适当地给消费者设置一些"缓冲区"，比如提供路障（放置折扣品）、提供服务（服务员迎接）、强品牌转移视线（高端珠宝品牌）、设置缓冲区距离（走过一小段路再点餐）等。设立缓冲区的目的，是减少消费者"缓一缓"的时间，帮助消费者快速进入购物状态。

（2）把商品放在合适的位置上。为了达到最大销售额，零售店通常会将酸奶牛奶、蔬菜等放在相对里面的位置，让顾客走到店铺后面。运用生鲜、餐饮等引流品让消费者打开钱包，然后激励他们购买其他更多的商品。此外，好的零售环境，是要保证眼前的最佳视线。传统的大型超市，货架都很高，其实大可以撤销无用的高货架，将货架高度控制在最佳视线之内，消费者稍稍抬头就能看到2~3米远处的商品。

（3）通过顾客行为轨迹调整陈列。经营者常常需要了解顾客在哪片货架区域停留的时间较长，对哪种商品的关注度较高，并尽可能形成数据来决定商品长期的市场价值。所以，还没有使用客流统计系统的企业，分店需要向总部要一份系统内的数据，和分店做比较，或是根据店员的工作"经验值"来推测顾客的喜好。而已经使用客流统计系统的企业，为了解新品是否受欢迎，热品是否在本地存在长期潜力，将客流统计系统与门店POS、CRM系统打通，完成精准的客流调查。根据自动形成的数据报表可以对货架摆放、货品位置进行调整优化，并将一些顾客关注度较低、转化率较低的商品进行淘汰。

素养园地

磊磊的勋章

刘磊磊曾经是一位怀揣冠军梦的男子柔道运动员。但是在国家的需要下转变身份，成为国家女子柔道队的男陪练。

"所有人都为了一个梦想一起努力，我觉得这平凡又有意义。"当刘磊磊得知自己入选国家队是要当陪练时，他在教练面前低着头不说话，但当教练对他说出"国家女子柔道队需要你"的时候，刘磊磊还是对教练说了"我愿意"。

16年间，刘磊磊陪伴了20多位奥运冠军、世界冠军的训练，共计被摔打284万次。肩周炎、腰间盘突出、骨折、骨裂等伤痛和病症伴随着这位"金牌陪练"。他的家人曾经劝他离开女子柔道队，学一门技术，但是刘磊磊却依然坚持了下来。为此他的家人一直不理解他，直到他退役后，家人观看了中央广播电视总台对他的报道，才最终理解了他。

刘磊磊曾经说过这样一句话，"要不就不做，要做我就做最好的陪练。"他想帮助运动员实现拿奥运冠军的体育梦想，成为助力梦想的一部分，他从不后悔。

一个体育项目，需要英雄般的运动员演绎精彩、创造历史，但更需要默默无闻付出一切的幕后英雄。正是因为有像刘磊磊这样不计个人得失、以大局利益为重、不畏艰苦的幕后英雄的付出，才有了一个又一个的辉煌，这些辉煌成就更是属于像刘磊磊一样的幕后英雄们的勋章。

（资料来源：根据中央广播电视总台对刘磊磊事迹报道整理）

二、快闪店

（一）快闪店概念

快闪店介绍

快闪店是一种不在同一地久留的品牌游击店，指在商业发达的地区设置临时性的铺位，供零售商在比较短的时间内（若干星期）推销其品牌，抓住一些季节性的消费者。

快闪店的英文是 Pop-up Shop，有"突然弹出"之意，之所以这种业态被冠以此名，很大程度是因为这种业态的经营方式，往往是事先不做任何大型宣传，到时店铺突然涌现在街头某处，快速吸引消费者，经营短暂时间，旋即又消失不见。在海外零售行业，尤其在时尚界它早已不是什么新鲜词汇，它已经被界定为创意营销模式结合零售店面的新业态。所谓的 Pop-up Shop 可以理解为短期经营的时尚潮店。

实际上，快闪店就如同传统商场中的临时专柜、临时促销、特卖会一样，只是快闪店更注重内外包装，所以更具话题性。目前诸多国内的一些品牌会选择消费能力强的城市开设这类临时商店，本身就是万众瞩目的焦点再配上"限定时间"销售的门店，使得快闪店逐渐被冠上零售新业态的称号。

快闪店的特点是：临时性，快闪店的存在时间通常较短，最长不超过 6 个月，因此它们具有临时性；独特性，快闪店通常在特定的区域和时间内出现，因此它们具有独特性；限定性，快闪店的位置和时间通常是有限的，因此它们具有限定性；推广性，快闪店通常用于推广商品或服务，因此它们具有推广性；互动性，快闪店通常提供互动性较强的活动和展示，因此它们具有互动性。

虽然快闪店是近年来才出现在我国的一种新零售形式，但是对于想要打造线上引流、线下变现、提升消费者互动体验的品牌来说，作用却十分明显。

1. 充分利用线下自然流量，构建曝光场景

当线上用户的注意力被头部品牌抢占与瓜分，线下依然是相对公平的注意力洼地。快闪店的位置大多吸附在人流动线上，且场地本身就自带巨大的客流量，例如购物中心中庭、地铁站出入口、步行街等，有的快闪活动甚至超过普通商铺的占地面积，能强烈冲击消费者的视野，且容易产生聚客效应。

2. 搭建创意场景，体现品牌特征

购物中心的陈设彰显了商业体的气质，成为消费者在购物中心休憩、拍照等独特的风景线，同样的理念也在快闪店中体现。品牌通过新颖的搭建、色彩活泼的快闪店，勾起消费者的好奇心和兴趣，让消费者能主动亲近产品。快闪店也因此常常被用作品牌宣传、新产品造势、设计展示等。

3. 极致体验场景，让用户和产品充分沟通

好的产品尤其是高科技产品，给人以极致的产品体验，可以建立深度的连接。线上销售最大的弊端在于消费者不能亲身体验产品。后来出现短视频、直播等新媒体，消费者能看到主播体验产品的全过程，它创造了一个虚拟的体验场景，具有较强的煽动性和说服力。不管是短视频还是直播，都在提升场景的真实性。而快闪店通过营造真实的场景，让消费者能看到、摸到、使用到产品，达成全方位的认知了解，快闪店让消费者和品牌建立更真实的连接。

4. 获客场景，完善品牌营销链路

线上消费者的信息接收和产品体验是相对割裂的，而快闪店里的信息聚集度高，是完整且立体的。在快闪场景营销中曝光—关注—理解—接受—购买，这个消费者决策的漏斗的全部环节，都能聚焦在这个独立的空间里，通过信息展示、导购介绍、产品体验，完成整个消费过程，给用户一个最完整的信息量，并且能实时反馈使用体验。

5. 灵活售卖场景，品牌快速销货渠道

快闪特卖模式，相当于限时大促，聚集了"低价+限时"两大特色，极大缩短消费者决策时间，同时铺设在人流旺盛的场所，能快速地帮助品牌处理库存。灵活的租赁周期、单次高效铺设，也可以包月、包年，覆盖更多人群。灵活的场地选择，在全国各个城市不同地点，住宅、写字楼、购物中心、地铁等多种场景。灵活的道具使用，一套快闪装置在不同场景下，通常可以多次反复使用，降低宣传成本的同时，传递清晰的产品风格，让消费者加深对品牌的认知。

（三）快闪店的类型

就目前出现的快闪店类型来看，分为品牌曝光型、商品售卖型、市场试水型、线下获客型等四种。

1. 品牌曝光型

品牌曝光型快闪店往往开设在客流量较大的场景中，为品牌提供线下实地曝光展示的效果。品牌可以选择与自身特色或市场定位相符的线下场景。如，一些客单价较高的品牌会选择在高端的购物中心开设快闪店，既能符合自身的定位和特色，又会得到大量高消费潜力客流量的曝光机会。

越来越多的品牌商选择以快闪店作为营销工具，以达到短期内聚集较高人气、形成热点的目的。快闪店的独特装饰，有趣、好玩的线下体验，再加上前期的宣传力度，能够为品牌聚集足够的焦点和话题热度。而人们在快闪店体验时，往往会拍照留念并在自己的社

交圈中分享体验，这样会进一步扩大品牌传播的范围，更利于提高品牌的知名度。

2. 商品售卖型

商品售卖型快闪店比较好理解，主要为品牌承担销售产品的任务，特别是对于某些拥有周期性特征的品牌，在其销售旺季大量铺设线下快闪店已经成为常见的线下促销手段。

在实际生活中，一些品牌商和零售企业可以利用此类快闪店开店时间短的特点，推出限时限量的商品或赠品，再制造强烈的营销话题效应，进而刺激人们的购买欲。从本质上来说，这也是饥饿营销的一种方式。

3. 市场试水型

随着时代的进步，快闪店的内涵也在变化，它不再只是一个短期售卖限量商品的店铺，还承担了营销和试水的功能。对于企业来说，新品上市最关键的是测试消费者的反应。市场试水型快闪店就是为了测试新品上市后会得到怎样的市场反馈而设立的。这种类型的快闪店只花费一点小成本，就能达到测试市场反应的目的。通过小范围的试点获得市场反馈，进而规划下一步动作。此外，采用此种快闪店还能起到较好的引流推广效果，有效提升市场对新品及品牌其他产品的关注度。

4. 线下获客型

对于具有购买周期长的产品来说，源源不断地获得客户资源和流量则成为他们最重要的工作。例如经常可以在购物中心内看到各个汽车行业品牌在购物中心连廊等位置设置供消费者参观浏览、预约试驾等售前快闪店。现如今，不仅是汽车行业，对于任何行业来说，开设快闪店都是不错的线下获客渠道。

随着时代的发展，人们的消费观念也在不断发生变化，接受新鲜事物的能力越来越强，在消费时更加追求个性、体验和价值。品牌商通过快闪店的形式，以体验式的场景让消费者对商品进行观摩、聆听和试用，能够让消费者实际感知商品或服务的品质或性能，并给他们带来更多的新鲜感和乐趣。

（四）快闪店的选址原则

1. 选址考虑因素

为快闪店找到合适的位置很重要。在确定了所开设的快闪点类型后，就需要考虑影响选址的诸多因素。

（1）场地的客流量。选择人流量大的地方作为开店地址是保证快闪店人流量的最简单的方法。但需要注意的是，人流不等于客流，例如，一些办公楼林立的中央商务区，虽然每天都有着非常惊人的人流量，但大多是奔波在上下班路上的上班族，在匆忙的上下班路上，他们很少会对街边的小店投来好奇的目光。因此，在进行快闪店选址时，一定要先对目标地址进行深入的调查，了解其人流量、人流高峰时间段、人流类型等情况。

（2）场地周边的交通情况。快闪店周围的交通要便捷，这样既便于品牌的忠实用户能够快速到达快闪店，又利于让更多的普通人发现快闪店。一般来说，通往快闪店的交通线路越多越好。此外，还要留意快闪店选址附近是否有足够的停车位，以满足自己开车来的消费者的停车需求。

（3）场地周边的商铺情况。在为快闪店选址时，很多人会遗漏一个重要的细节，那就是场地周边的商铺情况。快闪店需要在与周边品牌的竞争中找到平衡点，即开设快闪店的品牌既不能与周边品牌过于相似，也不能与其格格不入。如果快闪店中的商品与周围大多数商铺销售的商品类似，毫无疑问，快闪店会很容易融入这个区域，能够快速吸引到目标消费群体的关注；但同时快闪店也面临着竞争过于激烈的挑战，从而使快闪店的效果被弱化。

（4）活动预算。不同的场地，租金自然也不同。在确定场地之前，要先了解该场地的租金水平，评估其是否在自己可接受的范围之内，是否是活动预算可以承受的。活动预算不仅会影响快闪店的选址，还影响着快闪店的方方面面，所以在选址时一定要进行谨慎、全面的研究和分析。

2. 常见的快闪店选址

（1）市中心旺铺。一个城市的中心地区往往是最繁华的地段，每天都会有大量的人流。品牌商选择在这样的地方开设快闪店，除了能够获得大量的销售机会，还可以让快闪店得到更好的宣传。

（2）商场、购物中心。商场和购物中心专注于零售，来这里的消费者都是本着休闲或者购物的心态，也有相对较多的时间来体验品牌。如果产品或品牌有特定的人群，在商场、购物中心会比较容易直接找到有需求的客户。另外，商场和购物中心也需要充满活力的优质品牌来帮助它们导流，在与品牌合作的态度上更为开放。

（3）市集。市集是一种比较传统的零售场所，现在它又重新焕发出光彩。为了吸引顾客的关注，各类市集的主办方也是各显本领，努力打造极具特色的市集场所。这些独具特色的市集已经成为一种聚会，人们带着好奇而欢快的心情前来参加，活动场所内到处弥漫着欢乐的氛围。

对于品牌商来说，将快闪店开设在特色市集上，操作起来比较简单，且成本较低，只需将自己的摊位设置得醒目一些，并摆上自己的商品，即可与目标消费群体展开轻松的对话。很多时候，传统的吃喝在市集中能够产生非常好的效果。

（4）餐饮等服务类门店。餐饮店成为一种新兴的零售业态。高人气餐饮店本身就有大量的忠诚客户，汇聚了高质量的入口。餐饮与其他行业的融合更是成为一种新兴而受欢迎的营业模式。餐饮店本身受到行业竞争压力大，需要不断给顾客新的兴奋点，需要从服务、体验等各方面寻求新的创意。因此越来越多的餐厅、咖啡店等与其他品类开始跨界经营。

其实不仅仅是餐饮，美容美发沙龙、美甲店、干洗店、房屋中介等服务型门店都有机会成为新的零售渠道，不过这些店都有独特的消费人群，仅适合特别面向这些消费者的品牌。此外，品牌尤其需要以有创意而不露痕迹的方式出现在消费者的面前。

（5）特色场所或创意空间。除了市集、大型购物中心、市中心繁华地段可以作为开设快闪店的场所，一些特色场所（如画廊、公园、楼顶露台、酒吧，甚至是废弃的仓库等）也可以作为快闪店开设的地点。不过在这些地方开设快闪店，比较适合以制造话题、策划公关活动为目的的品牌。此外,选择这些场所开设快闪店需要有足够的前期预热宣传,以吸引更多消费者的好奇心。

(五)设置快闪店的三个步骤

1. 造势预热

在快闪店活动开始前,通过在线上发起新鲜、有趣的话题性事件,先在社交媒体上对活动进行预热,来一波品牌造势,提高人们的好奇心和参与的积极性。最佳的推广时机是快闪店开业3周前,这时可以在社交网络上投放各类宣传软文;快闪店开业1周前,再进行第二次预热推广,让这个话题彻底在网络上火爆起来。提前做好预热准备是做好快闪店活动的关键,如果不能为快闪店活动制造足够的热度,快闪店就无法获得足够的关注度,这很有可能会直接影响线下快闪店的活动热度。因此,要想开好快闪店,其首要条件是一定要有新鲜、有趣的话题吸引人们来线下参与。

2. 引发话题传播

如果说预热是通过前期的铺垫和噱头吊起人们对快闪店的好奇感,那么快闪店开店期间的推广则需要主打快闪店的内容与口碑,营造出一种"哇,这么多人去这家快闪店,我也要去"的氛围,因为人们都是有从众心理的。

快闪店必须要有特点,如个性化的场景、有趣的互动体验等,这样才能吸引人们来参与。快闪店通过这些极具创意的设计和互动话题来激发人们对快闪活动的自发传播,例如,在某香水品牌的快闪店内,人们只要在社交网络上发布自己和快闪店的照片,就能获得免费的香水。

对于快闪店来说,让话题发酵也非常重要,话题发酵的效果甚至能直接影响快闪店活动的传播效果。好的话题能够提升消费者对品牌的好感度,让品牌在消费人群中形成自动传播。

3. 引导客流,精准营销

快闪店通过新鲜、有趣的活动,既可以将线下消费者导流转换为网上流量和订单,也可以将线上消费者吸引到线下消费、参加主题活动。快闪店通过精准营销,最终实现提高商品销量的目的。

任务实施

实训任务一:营造美食超市的零售氛围

某地的一家美食超市,主打"慢食+自然"的生活理念,推行"餐厅+超市"的经营模式。超市创新式地将食品超市、厨房生产、休闲餐厅和烹饪培训有机地结合在一起,从细节入手,加强与消费者的交流互动。

该超市打算综合超市和餐厅两种属性,想在门店的陈列布局上推陈出新。实现既能体现食材的新鲜度,又能向购买商品的消费者现场演示食材的料理方法,一举两得。此外,超市的陈列设计拟主打消费者亲和力,体现"慢食+自然"的"逛吃学"生活理念,实现消费者购物与饮食的高度融合。

完成任务:

1. 根据上述资料,请为该美食超市设计陈列布局。

2. 请从超市的经营理念入手,设计超市的"慢食+自然"的"逛吃学"零售氛围。

3. 什么样的企业可以在该超市中设置快闪店?请设计一个适合该类型企业的快闪店方案。

实训任务二:为某中式糕点店设计一个快闪店

思念面条品牌和网络零售巨头京东携手,通过开设面条快闪店——想念面馆,将新潮的互联网营销思想倾注进了面条里。

想念面馆有个任性的规定——不接受一人单独进餐,只接受三两人以上相伴。面馆做出这样话题性十足的规定,是为了鼓励人们放下手机,走出家门,将心中对亲友的想念落地成实际的见面,传递了"亲友常聚,感情常叙"的情感诉求。此外,想念面馆将品牌名称"想念"和商品"挂面",与快闪店所传递的"想念不如见面"的主张完美地融合在一起,引发消费者的共鸣。

完成任务:

1. 该快闪店属于哪种类型?

2. 某中式糕点,主打非遗传承、国潮化,在中秋节来临之际,也想尝试建立快闪店进行品牌宣传,请为其设计一个同类型的快闪店建设方案。

3. 该快闪店内部的陈列布局应该如何设计才能体现其传承非遗、国潮化的特点?

实训评价

请扫码下载评价表,进行项目实训评价。

自我检测

1. 品牌商开设快闪店的目的有哪几种?
2. 如何为快闪店选址?开好快闪店的五个关键点是什么?
3. 提升门店陈列布局的方式有哪些?

实训综合
评价表

年轻人的
体验感

习题小测

一、单选题

1.（　　）属于快闪店的特点。
A. 长期性　　　　　　　　　　B. 稳定性
C. 临时性　　　　　　　　　　D. 永久性

2. 一些大型商场把奢侈品放在门口的主要目的是（　　）。
A. 为吸引消费者购买　　　　　B. 为了提升商场的品位与档次
C. 设立消费者购物的缓冲区　　D. 可以向奢侈品品牌收取高额的进场费

3. 为了测试新品上市后会得到怎样的市场反馈而设立的快闪店属于（　　）。
A. 品牌曝光型　　　　　　　　B. 商品售卖型
C. 线下获客型　　　　　　　　D. 市场试水型

4. 品类跨界经营的模式比较容易发生在（　　）。
A. 餐饮等服务类门店　　　　　B. 商场、购物中心
C. 市集　　　　　　　　　　　D. 市中心旺铺

5. 在（　　）设置快闪店比较容易直接找到直接有需求的客户。
A. 餐饮等服务类门店　　　　　B. 商场、购物中心
C. 市集　　　　　　　　　　　D. 市中心旺铺

二、多选题

1. 提升门店陈列布局的具体方式包括（　　）。
A. 营造消费者体验氛围　　　　B. 商品陈列要围绕消费者来进行设计
C. 通过顾客行为轨迹调整陈列　D. 把商品放在合适的位置上

2. 快闪店的类型包括（　　）。
A. 品牌曝光型　　　　　　　　B. 商品售卖型
C. 线下获客型　　　　　　　　D. 市场试水型

3. 快闪店的选址需要考虑的因素包括（　　）。
A. 客流量　　　　　　　　　　B. 周边的交通
C. 成本　　　　　　　　　　　D. 周边的商铺请看

任务三　构建体验式消费场景

引导案例

沉浸式文旅：身临其境"触摸"风景

一场别开生面的演出，让观众打破与演员的边界，走进剧中世界；一个古色古香的街区，让人们"穿越"进入一段历史岁月……随着信息技术发展、体验经济兴起，沉浸式文旅成为关注热点，新业态、新模式、新产品不断涌现，游客在身临其境的新奇体验中领略文化的魅力。

近日，文旅部发布20个沉浸式文旅新业态示范案例，从夜游锦江、大唐不夜城，到《又见平遥》《遇见大庸》《知音号》等经典演出，各种类型的沉浸式项目成为文旅业态创新的标杆。"今年以来，全国文化和旅游市场加速回暖，沉浸式业态跑出了加速度，通过文旅资源、数字技术与空间创意的融合创新，促进了当地产业和消费的双升级。"文化和旅游部产业发展司副司长马力说。

近年来，很多城市将打造沉浸式街区作为文旅产业发展亮点，通过修缮老建筑、还原历史布景，将独特的建筑风格、地道的当地美食、传统的节庆表演展示出来，人文古韵和商业氛围融于一体，游客深入其间，不仅能满足休闲、娱乐、社交等需求，也能更深入地读懂一座城市的历史文化。

"沉浸式可增强商业联动，打造多维业态，以商业模式转变助推产业升级。通过打造文创周边产品，实现历史与现代旅游跨界联动，是流量变现、拥抱年轻消费者的极佳路径。"南开大学现代旅游业发展省部共建协同创新中心主任石培华表示，"沉浸式演艺要提升自我造血能力，形成可循环的沉浸式生态圈，通过游客的参与与反馈促进演艺作品更新和可持续发展。"

（资料来源：根据2023年《光明日报》相关报道整理）

【案例启示】

随着数字科技的广泛应用，文化旅游业与时俱进。不少展馆、景区、文旅演出应用现代化展示技术进行创新，打造沉浸式体验效果，导览讲解、静物展示、文字介绍等传统模式被打破，声、光、电、影与实物结合，让文物和历史"活"起来。在数字化背景下，门店也应该运用各种方式和手段打造沉浸式互动体验场景，提升消费者体验感。

【任务书】

1. 分析各种可能的互动体验形式，根据门店的目的选择适合的互动体验。
2. 找准门店的"五感"体验场景。
3. 设计门店的"五感"体验场景。
4. 分析国内企业 VR/AR 应用案例。

【准备工作】

1. 阅读任务书。
2. 实地考察一些门店的互动体验方式。
3. 到知名的大型商超或大型游乐场，去体验期"五感"场景设置并做出评价。
4. 搜集国内知名企业应用 VR/AR 案例。
5. 到线下实际体验 VR/AR 技术。

学习任务的相关知识点

一、互动式体验

（一）社交新电商，打造私欲商业闭环

社交电商是依托社会关系而进行买卖交易的电商。它借助社交网站、网络媒介等传播途径，通过社交互动、用户自生内容等手段来辅助商品的购买和销售行为。基于此社交新零售迅速发展。社交新零售最终将会帮助门店实现线上板块、线下板块、社交板块的无缝衔接，帮助门店用更低的运营成本获得更高的收益。通过社交在"熟人经济"下产生的电子商务交易，常见的形式由"关注""沟通""讨论""互动""分享"等社交化的元素组成。

私域流量是指从公域、它域（平台、媒体渠道、合作伙伴等）引流到自己私域（官网、客户名单），以及私域本身产生的流量（访客）。私域流量是可以进行二次以上链接、触达、发售等市场营销活动的客户数据。私域流量和域名、商标、商誉一样属于企业私有的经营数字化资产。私有领域流量的兴起改变了传统零售和电子商务的困境，帮助企业"获得"用户产权，通过私域免费多次接触用户，为企业创造更多联系，通过"内容+用户"分享获得客户更深层次的信任。它将更多的意向消费者聚集在一个圈子里，使用"社交+产品"搅动零售行业，这种精准的攻击更有效。当消费者需求闪现时，恰如其分地出现在他面前，从而"人在哪里，生意在哪里"。

（二）"短视频+直播"的社群营销

相对于传统的电商平台，消费者需要逐页翻阅商品详情页才能看到商品的介绍信息，通过"短视频+直播"的方式可以最大限度地展示零售终端的所有商品状态。直播网红的角色类似于导购员，向观看直播的消费者介绍商品的特点、产地和相应的认证等信息。同时，通过回答消费者的问题与之互动，从而促进下单的转化率。如果是在门店直播，可以通过聚集人气的活动，如在线上进行提问、红包抽奖、免费试用等互动活动来营造商品销售的氛围，带动消费者下单的热情。更智能化的场景，如通过无人便利店的机器人或机械手臂，自动回答消费者的提问和下单的指令，让消费者通过网络指挥人工智能完成互动体验，再加上人工智能算法的关联推荐，让消费者有更深刻的购物体验。通过这种互动参与

的场景建立零售终端与消费者的信任,形成良性循环的转化效应。

直播本质上是限时抢购的促销活动,可以通过特定时段的特殊优惠政策,提升围观消费者的兴奋度,产生冲动下单的行为。专属场景的优惠券可以在短时间内迅速推升订单量,还可以对高价值商品采取固定金额下订金的方式进行抢购,在直播后安排客服人员对接联系补交尾款,实现下单的整个闭环。

短视频改变了人们获取信息的方式,平台覆盖的用户量大、自主产出的内容多、传播的速度快,已经不再是单纯的社交娱乐平台,而是新媒体营销的主要阵地。"短视频+直播"的营销方式具有碎片化、场景真实的特点,可以给消费者带来更好的消费体验,这种营销方式被越来越多的企业营销所采纳。随着时代的发展,城市化进程的推进,城市的各类阶层也会逐渐固化,形成天然的以地理位置划分的线下社群,而线上则超越了地理位置,以兴趣爱好、价值观进行划分,线上社群和线下社群有着重叠和区分。零售企业已成为重要的纽带和平台,智慧零售的场景下,人、货、场的组合已经不局限于店内,线上和线下的结合和重构会有更多的想象空间和机会。通过"短视频+直播"的方式与目标粉丝进行多触点的营销和交流,零售企业不仅能发挥商品销售的价值,还会有更大的发展空间。

(三)商品现场试用

"百闻不如一见,百见不如一试",为消费者提供商品试用服务,让消费者通过对商品的试用体验,切身感受商品所带来的愉悦感和功能上的价值。

(四)创造新奇、愉悦的娱乐体验

将商品或品牌的理念融入娱乐中,以一种娱乐化的体验方式让消费者在消费过程中感受新奇和愉悦。人们喜欢追求新奇和愉悦的心理感受,在当今节奏快、压力较大的生活环境下,人们对新奇、愉悦感受的追求更加迫切。如果品牌商和企业能够抓住人们的这一心理需求,通过各种方式为消费者创造新奇、愉悦的体验,让他们能够放松身心,就很容易获得消费者的好感,从而取得营销上的成功。

二、构建"五感"场景体验

五感是指视觉感、听觉感、味觉感、嗅觉感和触觉感,是人们感知世界的普遍方式。美国著名营销大师马汀·林斯壮首先提出了五感营销理论,即通过具象的色彩、声音、气味、味道、质感勾勒出一幅美好的画面,让消费者感受到商品,从而产生购买欲望,进而产生消费行为。

传统的场景式营销是通过构建生活场景植入广告来实现营销目的的,而五感体验营销是引导消费者在情感和理智上对品牌和商品产生意识共鸣。对于一个人来说,其所获得的感官体验是不可替代的,这种体验不是在一种被动的情形下形成的,而是在一种"身不由己"的情形下获得的。由于事先没有心理准备或者没有得到暗示,五感会让人产生惊喜感受，形成措手不及的记忆。因此，在新零售时代，无论体验如何升级，最根本的要求都是要激活消费者在五感上的原始知觉。

1. 视觉感

在五感中，视觉感是最核心的感受，也是消费者对品牌和商品产生第一印象的来源。颜色、线条、光线、造型等都是可以激发视觉感的元素。人们总是更加喜欢和向往美观的事物，充满魅力的外观是让商品或店铺吸引消费者靠近的第一要素，也是基本要素。因此，品牌商和零售企业可以利用光、色、形状等元素来为消费者打造别具视觉体验的空间，从而加强消费者对商品和品牌的记忆。

2. 听觉感

音乐的旋律、节奏也可以对消费者的心情产生影响，所以品牌商和企业可以在场景中设置与其主题相适应的音乐，以此来强化消费者对品牌的记忆，或者延长消费者在场景中停留的时长。

视频是视觉与听觉的结合，用心的品牌商和企业还会在店内设置与空间主题相契合的视频，从而营造出空间的故事效果、动态效果。

3. 味觉感

食品、饮品行业特别适于打造味觉感。现在食品、饮品的种类相当丰富，要想让自己的商品从众多商品中脱颖而出，首先要练好内功，在商品上进行创新，生产能带给消费者不一样的味蕾感受的商品；然后让消费者感受到这种不同的味道，并形成记忆，从而让品牌在消费者的心中留下印记。

4. 嗅觉感

香味是最容易被人长期记忆的元素，所以利用香味加深消费者对场景的记忆是不可或缺的一种手段。香味可以使消费者在场景中获得放松，对女性消费者来说，其效果尤其显著。

5. 触觉感

品牌商和零售企业通过让消费者触摸商品进行感知，使其进一步了解商品的材质和温度，从而对商品产生进一步的理解和感受，这是于无声处打动消费者的最佳方法。例如，销售高级材质服装的店铺可以通过让消费者触摸不同的面料，让他们用触觉比较法来获得认知。通过让消费者触摸普通面料和高级面料获得不同的感受，从而加深其对商品价值的理解，这样消费者才会愿意支付更高的费用来购买更好的商品。

三、沉浸式购物体验

（一）VR 技术与 AR 技术

VR、AR 技术

虚拟现实（Virtual Reality，VR）技术，又称虚拟实境技术或灵境技术，是 20 世纪发展起来的一项全新的实用技术。虚拟现实技术囊括计算机、电子信息、仿真技术，其基本实现方式是以计算机技术为主，利用并综合三维图形技术、多媒体技术、仿真技术、显示技术等多种高科技的最新发展成果，借助计算机等设备产生一个逼真的三维视觉、触觉、嗅觉等多种感官体验的虚拟世界，从而使处于虚拟世界中的人产生一种身临其境的感觉。

VR技术受到了越来越多人的认可，用户可以在虚拟现实世界体验到最真实的感受，其模拟环境的真实性与现实世界难辨真假，让人有种身临其境的感觉；同时，虚拟现实具有一切人类所拥有的感知功能，比如听觉、视觉、触觉、味觉、嗅觉等感知系统；最后，它具有超强的仿真系统，真正实现了人机交互，使人在操作过程中，可以随意操作并且得到环境最真实的反馈。正是VR技术的存在性、多感知性、交互性等特征使它受到了许多人的喜爱。5G时代的到来，注定将成就VR技术，未来的生活趋势将会更多地在虚拟与现实之间切换。

增强现实（Augmented Reality，AR）技术是一种将虚拟信息与真实世界巧妙融合的技术，广泛运用了多媒体、三维建模、实时跟踪及注册、智能交互、传感等多种技术手段，将计算机生成的文字、图像、三维模型、音乐、视频等虚拟信息模拟仿真后，应用到真实世界中，两种信息互为补充，从而实现对真实世界的"增强"。

AR技术是促使真实世界信息和虚拟世界信息内容之间综合在一起的较新的技术内容，其将原本在现实世界的空间范围中比较难以进行体验的实体信息在电脑等科学技术的基础上，实施模拟仿真处理，叠加将虚拟信息内容在真实世界中加以有效应用，并且在这一过程中能够被人类感官所感知，从而实现超越现实的感官体验。真实环境和虚拟物体之间重叠之后，能够在同一个画面以及空间中同时存在。

AR技术不仅能够有效体现出真实世界的内容，也能够促使虚拟的信息内容显示出来，这些细腻内容相互补充和叠加。在视觉化的增强现实中，用户需要在头盔显示器的基础上，促使真实世界能够和电脑图形之间重合在一起，在重合之后可以充分看到真实的世界围绕着它。AR技术中主要有多媒体和三维建模以及场景融合等新的技术和手段，增强现实所提供的信息内容和人类能够感知的信息内容之间存在着明显不同。

（二）VR/AR技术在新零售行业中的运用

1.VR技术

对于一个新事物来说，如果它能够为人们带来一种全新的生活方式及服务理念，或者是帮助人们解决某种痛点，或者是提升某个领域的服务品质，那么必将引发一场产业革命。在零售领域，VR/AR技术与零售业的融合将会使零售业产生颠覆性的变革。在零售行业，这两项技术可以给消费者带来更好的体验，所以被认为有着很好的前景。VR技术适合为零售商开展销售规划设计提供辅助，而AR技术则多用于提升消费者购物体验。

对于零售商来说，规划店内布局是一件非常麻烦的事情，因为设计者无法将布局设计结果进行直观、立体的呈现，更不能展示这种布局所形成的效果。利用VR技术就可以实现店内布局设计的可视化，以及人流方向的可视化，这样零售商可以通过进行A、B测试找到最佳的店铺布局设计方案。

使用VR技术还可以帮助管理层实现"虚拟巡店"。借助VR技术，管理者无须亲自到店铺内,即可对各个店铺进行巡查,了解商品的实时销售情况。

2.AR 技术

在客户踏入实体店,或者打开线上商店的那一刻起,如果能强化客户的参与度,形成沉浸式的品牌体验,最终就能与客户建立深入的情感联系。AR 技术的出现,使传统的商业界限和物理定律不再适用。它不仅可以呈现出虚拟的环境,还能将娱乐体验融入零售业务中,类似电影、娱乐设施和游戏等中的场景一样,能够有效吸引客户参与。在电子商务领域,VR/AR 技术也能让网上购物的体验更加真实和更具吸引力。

素养园地

伟大的长征精神

长征精神是中华民族最可宝贵的精神财富,是新时代新征程的强大精神动力。

长征是人类历史上的伟大奇迹,中央红军共进行了 600 余次战役战斗,攻占 700 多座县城,期间共经过 14 个省,翻越 18 座大山,跨过 24 条大河,走过荒草地,翻过雪山,行程约二万五千里。

在长征中,广大红军战士不顾个人生死,以大局为重,创造了许多伟大、感人的事迹。自 1934 年 10 月中央红军开始长征后,红 34 师一直担负着全军总后卫的重任。全师在师长陈树湘的带领下,坚守湘江,与敌人展开殊死搏斗,保证了中央红军的顺利转移,而全师 6 000 人却几乎全部牺牲。

1934 年 10 月上旬,中央红军准备进行战略转移。组织派了一个 128 人的加强连,保护中革军委仅有的一台发报机和一台 68 公斤重的手摇发电机。最初是 8 个人轮着抬发电机走,随着连队伤亡的战士越来越多,抬发电机的人越来越少。无论多么艰难,沉重的、染着红军鲜血的发电机始终没有被扔下。过草地前,加强连只剩 3 个人,这 3 名战士硬是把设备安全运抵延安,保证了部队信息的传递,完成了组织交付的任务。

长征走的是高山峻岭,渡的是大河险滩,过的是草地荒原,但每一个行程、每一次突围、每一场战斗都从战略全局出发,既赢得了战争胜利,也赢得了战略主动。走在新时代的长征路上,以战略思维谋全局、以战略定力迎挑战,用好战略性有利条件,心无旁骛做好自己的事,我们就一定能把发展进步的命运牢牢掌握在自己手中。这就是长征精神所蕴含的顾全大局、严守纪律、紧密团结的精神。

(资料来源:根据新华网相关资料整理)

任务实施

实训任务一:为线下门店设计互动体验场景

现在零售行业已经进入消费者主权时代,在消费分层化、需求个性化、购买便利化、影响社群化的新消费环境下,如何通过更加有效的方式将优质的商品和全新的育儿理念传递给以"90 后""00 后"为主的新手父母,已经成为各个母婴品牌的必修课。

某品牌母婴产品，主打纯天然，产品中含有 3 种天然植物精华，分别是燕麦益生元、玉米胚芽油和乳木果油。产品主要有滋润型、倍润型和倍爽型三种。

在各大母婴品牌激烈竞争的今天，该品牌需要发力线下门店，通过门店互动体验设计来增强消费者的认可度和忠诚度。

完成任务：

1. 请从"五感"体验的角度，分别设计适合该母婴品牌特点的线下五感体验场景。
2. 设计适合该母婴品牌线下门店的互动体验。

实训任务二：分析企业 VR 场景应用

2020 年"双十一"，某电商平台打造了一个可供消费者实现畅游购物体验的 VR 全景体验馆，通过打造店铺全景画面，在已设定的场景中植入热卖商品，通过锚点点击跳转至商品详情页，以这种场景化的方式来增强消费者的购物代入感。

进入 VR 全景体验馆后，消费者通过场景体验即可直观地感受到"家"里的真实情况，通过点击设定在场景中的家居、数码、办公等品类的热卖商品，还可以及时了解商品信息，并可以直接下单购买商品。

对于第一次进入 VR 场景的消费者来说，场景中的各种展示和操作都是比较陌生的，如何查看商品、交互体验如何点击、商品信息如何保存等是许多消费者面临的实际问题。因此，在设计 VR 零售的线上店铺时，还需要设计醒目的使用引导或提示来帮助消费者完成 VR 体验，否则我们精心设计的 VR 场景和非常有趣的交互体验可能会让来访的消费者找不到，或者不知道如何使用。

完成任务：

1. 使用 VR 技术需要注意哪些关键问题？
2. 结合该 VR 全景体验，分析 VR 技术使用可能面临的挑战。

实训评价

请扫码下载评价表，进行项目实训评价。

实训综合
评价表

自我检测

1. 互动式体验有哪些？
2. 什么是五感场景体验？
3. 如何为消费者构建"五感"式购物场景体验？

习题小测

一、单选题

1. （　　）可以最大限度地展示零售终端的所有产品状态。
   A. 短视频＋直播　　　　B. 商品现场试用　　　　C. 商品陈列　　　　D. 商品画册

2. 在"五感"中（　　）是最核心的感受。
   A. 听觉　　　　　　　　B. 触觉　　　　　　　　C. 视觉　　　　　　D. 嗅觉

3. （　　）味是对消费者来说最容易被长期记忆的味道。
   A. 苦　　　　　　　　　B. 酸　　　　　　　　　C. 臭　　　　　　　D. 香

4. （　　）技术是一种将虚拟信息与真实世界巧妙融合的技术，应用到真实世界中，两种信息互为补充，从而实现对真实世界的"增强"。
   A. AR　　　　　　　　　B. VR　　　　　　　　　C. AI　　　　　　　D. CI

5. （　　）技术，又称虚拟实境技术或灵境技术，借助计算机等设备产生一个逼真的三维视觉、触觉、嗅觉等多种感官体验的虚拟世界，从而使处于虚拟世界中的人产生一种身临其境的感觉。
   A. AR　　　　　　　　　B. VR　　　　　　　　　C. AI　　　　　　　D. CI

二、多选题

1. 以下属于互动式体验的有（　　）。
   A. 社交电商　　　　　　　　　　　　　　　B. "直播＋短视频"社区营销
   C. 商场试用　　　　　　　　　　　　　　　D. 新奇的娱乐体验

2. 以下属于"五感"体验场景中的"五感"的是（　　）。
   A. 视觉　　　　　　　　B. 嗅觉　　　　　　　　C. 味觉　　　　　　D. 触觉

3. 以下属于 AR/VR 技术在新零售行业中的运用领域的有（　　）。
   A. 增强消费者购物体验　　　　　　　　　　B. 实现人工智能导购
   C. 实现无人购物体验　　　　　　　　　　　D. 辅助进行销售规划

参 考 文 献

[1] 李忠美. 新零售运营管理：慕课版［M］. 北京：人民邮电出版社，2020.

[2] 杨芳莉. 智慧零售［M］. 北京：人民邮电出版社，2022.

[3] 北京睿学云诚教育咨询有限公司. 1+X 品类管理（中级）［M］. 北京：高等教育出版社，2022.

[4] 张志. 社群营销与运营［M］. 2版. 北京：人民邮电出版社，2022.

[5] 王大国. 新零售［M］. 天津：天津人民出版社，2020.

[6] 李卫华，殷志扬，任光辉. 门店数字化运营与管理实训（中级）［M］. 北京：中国人民大学出版社，2021.

[7] 赵先德. 零售供应链数字化创新［M］. 北京：中国人民大学出版社，2022.

[8] 陈浩，苏凡博. 实战抖音电商［M］. 北京：机械工业出版社，2020.

[9] 王丽丽. 智慧零售助力零售业数字化转型［M］. 北京：化学工业出版社，2021.

[10] 刘润. 新零售：低价高效的数据赋能之路［M］. 北京：中信出版社，2018.